Historia de Irlanda

Un apasionante recorrido por los principales acontecimientos y personajes de la historia de Irlanda

© Copyright 2024

Todos los derechos reservados. Ninguna parte de este libro puede ser reproducida de ninguna forma sin el permiso escrito del autor. Los revisores pueden citar breves pasajes en las reseñas.

Descargo de responsabilidad: Ninguna parte de esta publicación puede ser reproducida o transmitida de ninguna forma o por ningún medio, mecánico o electrónico, incluyendo fotocopias o grabaciones, o por ningún sistema de almacenamiento y recuperación de información, o transmitida por correo electrónico sin permiso escrito del editor.

Si bien se ha hecho todo lo posible por verificar la información proporcionada en esta publicación, ni el autor ni el editor asumen responsabilidad alguna por los errores, omisiones o interpretaciones contrarias al tema aquí tratado.

Este libro es solo para fines de entretenimiento. Las opiniones expresadas son únicamente las del autor y no deben tomarse como instrucciones u órdenes de expertos. El lector es responsable de sus propias acciones.

La adhesión a todas las leyes y regulaciones aplicables, incluyendo las leyes internacionales, federales, estatales y locales que rigen la concesión de licencias profesionales, las prácticas comerciales, la publicidad y todos los demás aspectos de la realización de negocios en los EE. UU., Canadá, Reino Unido o cualquier otra jurisdicción es responsabilidad exclusiva del comprador o del lector.

Ni el autor ni el editor asumen responsabilidad alguna en nombre del comprador o lector de estos materiales. Cualquier desaire percibido de cualquier individuo u organización es puramente involuntario.

Índice

INTRODUCCIÓN: CUENTOS PERDIDOS DE UN PASADO IRLANDÉS 1
CAPÍTULO 1: LA ERA CELTA: LA ANTIGUA IRLANDA 3
CAPÍTULO 2: LA LLEGADA DEL CRISTIANISMO 10
CAPÍTULO 3: INVASIONES VIKINGAS EN LA IRLANDA ALTOMEDIEVAL 21
CAPÍTULO 4: LA CONQUISTA NORMANDA Y EL INICIO DEL CONTROL ANGLOSAJÓN 25
CAPÍTULO 5: LOS TUDOR Y LAS PLANTACIONES 33
CAPÍTULO 6: LA GRAN HAMBRUNA Y SUS CONSECUENCIAS 45
CAPÍTULO 7: EL ALZAMIENTO DE PASCUA: EL NACIMIENTO DEL REPUBLICANISMO 54
CAPÍTULO 8: LOS TROUBLES: UNA RELACIÓN TURBULENTA 65
CAPÍTULO 9: EL TIGRE CELTA: EL AUGE Y LA RECESIÓN ECONÓMICA 76
CAPÍTULO 10: LA IRLANDA MODERNA DEL SIGLO XXI 80
CONCLUSIÓN: LA RESILIENCIA Y LA UNIDAD DE IRLANDA 85
VEA MÁS LIBROS ESCRITOS POR ENTHRALLING HISTORY 87
APÉNDICE A: LECTURAS COMPLEMENTARIAS Y REFERENCIAS 88
FUENTES DE IMÁGENES 89

Introducción: Cuentos perdidos de un pasado irlandés

Decir que la historia de Irlanda es larga quizá sea quedarse corto. Se cree que los primeros indicios de habitación humana se remontan a 10.500 años a. e. c. Se dice que en algún momento lejano de la prehistoria de Irlanda, un grupo de cazadores-recolectores emigró desde Escocia y se trasladó al noreste de Irlanda durante la Edad de Piedra. El registro arqueológico sugiere que los primeros pobladores se establecieron en lo que hoy es el condado irlandés de Antrim alrededor del VI milenio a. e. c.

Aún se debate cómo llegaron exactamente los humanos a Irlanda. Algunos historiadores han teorizado que pudo existir un puente terrestre y que simplemente lo cruzaron a pie desde diversas partes de Gran Bretaña. Otros insisten en que estos colonos cruzaron el estrecho del canal del Norte en pequeñas embarcaciones improvisadas.

Unos miles de años más tarde, estos audaces colonos se fusionaron con una nueva oleada de emigrantes neolíticos. Este grupo dejó enormes monumentos megalíticos similares al famoso Stonehenge de Inglaterra. Muchos de estos monumentos se encuentran dispersos por el condado irlandés de Meath. Al igual que su contemporáneo más famoso, Stonehenge, estos monumentos demostraban una comprensión bastante avanzada de la astronomía y de su relación con el entorno local.

Estos monumentos se encuentran en el valle del Boyne, al este de Irlanda, un lugar absolutamente rico en testimonios arqueológicos. El lugar ha sido bautizado desde entonces como «Newgrange», y la obra construida que allí se encuentra recibe el nombre de monumento de Newgrange. Se lo denomina así porque se encontraba en las inmediaciones de las «nuevas» *grange* (granjas) que utilizaban los monjes de la cercana abadía de Mellifont.

Se cree que el monumento de Newgrange fue construido por agricultores neolíticos alrededor del año 3200 a. e. c. El monumento mide unos 43 pies de altura y unos 279 pies de diámetro (13 m de altura y 85 m de diámetro). Curiosamente, las cámaras interiores están construidas de tal forma que están perfectamente alineadas con la salida del sol durante el solsticio de invierno. Cualquiera que pasara por el pasadizo en ese momento sería recibido por unos rayos de sol invernales que iluminaban brillantemente.

Aunque se han hecho comparaciones con el Stonehenge de Inglaterra, en muchos aspectos, este complejo es bastante similar a los grandes túmulos funerarios de los nativos americanos encontrados en Norteamérica. También es probable que tuviera una finalidad similar, ya que se cree que este yacimiento sirvió tanto de tumba como de calendario astronómico.

Estos antiguos habitantes de Irlanda eran bastante buenos rastreando las estrellas y los planetas que surcaban los cielos. Por desgracia, no eran tan espabilados a la hora de documentar su propia historia. Por ello, gran parte de lo que se ha especulado sobre ellos se convierte en teorías y conjeturas. Sin embargo, los artefactos que nos legaron indican claramente que eran un pueblo inteligente y reflexivo. Aún se las arreglan para ocupar un lugar preponderante en los relatos de un pasado irlandés perdido.

Capítulo 1: La era celta: La antigua Irlanda

«El amor nunca es vencido, y podría añadir que la historia de Irlanda lo demuestra».
—*Papa Juan Pablo II*

Si se piensa en el pasado de Irlanda, la noción de cultura celta ocupa un lugar destacado en la mente. Incluso hoy en día, la mística de la cultura celta en Irlanda se cierne sobre nosotros. Están, por supuesto, la música y la danza celtas, que han cautivado a innumerables almas, no solo en Irlanda, sino en todo el mundo. La demanda de todo lo celta es realmente alta en la actualidad. Pero, ¿cuándo comenzó exactamente la verdadera era celta de la antigua Irlanda?

Aunque la fecha no se conoce con seguridad, se ha sugerido que el periodo de la Irlanda celta comenzó alrededor del año 1000 a. e. c. Los celtas procedían primero de Europa occidental y desde allí avanzaron hacia Irlanda.

Parece que los celtas construyeron gran parte de su civilización y cultura sobre lo que ya existía, como el monumento de Newgrange antes mencionado.

Newgrange[1]

Se trata de un ejemplo perfecto de recién llegados que utilizan un monumento más antiguo para sus propios fines. Los historiadores coinciden ampliamente en que los monumentos son tan antiguos (algunos especulan que son incluso más antiguos que las pirámides de Egipto) que no pudieron ser construidos por los celtas. Aun así, después de que los celtas se trasladaran a la región, hicieron uso de ella. Los celtas dejaron su propia firma única en este antiguo yacimiento megalítico mediante espirales celtas, que pueden verse por todo este recinto megalítico.

La espiral celta es una obra de arte que representa la visión celta de que la vida es cíclica. Los celtas consideraban que todo tenía un ciclo, al igual que las estaciones, que pasan por ciclos repetitivos de crecimiento, decadencia, muerte y renacimiento. Consideraban que sus vidas estaban atrapadas en este ciclo repetitivo de múltiples fases de existencia.

Al parecer, los celtas también adoptaron a los dioses neolíticos conocidos como los Tuatha como parte de sus creencias y acabaron transformándolos en sus propias deidades. De las leyendas de los Tuatha de Danann, los irlandeses derivaron historias de enigmáticas personitas a las que a veces llamaban *wee folk*, *fair folks* o hadas.

Las hadas en el folclore irlandés pueden ser desde elfos al estilo de J. R. R. Tolkien que viven en santuarios boscosos hasta el duende que guarda su olla de oro, pasando por duendes amenazadores o, peor aún, la temible *banshee* que atormenta con sus gritos nuestras peores pesadillas.

No se conoce con exactitud el origen de las hadas, pero el folclore irlandés parece sugerir que llegaron del otro lado del mar tras un terremoto, lo que lleva a algunos a plantearse si pudieron ser náufragos supervivientes de la isla perdida de la Atlántida. Sin embargo, aún más extrañas son las leyendas irlandesas que afirman que las hadas descendieron a la isla desde los llamados «barcos de las nubes».

Sí, así es. Hay leyendas que apuntan a que el origen de las hadas está en algún lugar de las nubes. Estas criaturas acabaron descendiendo a la Tierra en algún momento lejano del pasado como exploradoras encantadas de otro mundo. El célebre cuento de las «Ever-Living Ones» (Siempre vivas) del folclore irlandés habla de las hadas que aterrizaron con su «nube» en la Isla Esmeralda. Como cabe imaginar, los defensores de la teoría de los antiguos astronautas han hecho su agosto con estas leyendas a lo largo de los años.

Los celtas no solo aprovecharon estos antiguos yacimientos, sino que coexistieron bastante bien con los que ya existían. El pueblo celta se convirtió esencialmente en una minoría muy fuerte en la región. Su influencia subiría y bajaría con las nuevas afluencias de otros grupos de población en Irlanda. Sin embargo, todo esto dependía de la región y de los grupos humanos allí presentes. Los celtas probablemente experimentaron periodos de paz y de guerra. Finalmente, los celtas desplazaron a los habitantes nativos, asimilándolos o expulsándolos, lo que permitió a los celtas convertirse en el grupo étnico más dominante de la isla.

El sistema de gobierno del pueblo celta se basaba en la monarquía. Se trataba de un sistema de base local, lo que significa que no había un rey de toda Irlanda, al menos al principio.

Los celtas utilizaban los fuertes anulares para fortificar el gobierno de los encargados de la administración. Cada fuerte anular tenía su propio gobernante. Estos muchos reyes ejercerían una profunda influencia en Irlanda.

Una de las cosas más interesantes de esta compleja monarquía de muchos gobernantes era que no se basaba en la herencia. En realidad se basaba en un sistema electoral.

Irlanda llegaría a tener un centenar de estos pequeños reinos. Los pequeños principados se agruparon después en cinco conglomerados mayores, que se convertirían en las provincias básicas de Irlanda: Ulster, Meath, Leinster, Munster y Connacht.

Con el tiempo, las provincias fueron gobernadas por un llamado «rey supremo», que estaría centrado en una provincia, pero tendría autoridad general sobre las demás. Este sistema tendía a fomentar muchas luchas internas y discordias. Un posible aspirante al trono del rey supremo lucharía por su posición con otros, y las coaliciones que respaldaban a los aspirantes luchaban entre sí.

Este estado de cosas a menudo dejaba a Irlanda en un estado de desunión. Aunque los guerreros de Irlanda eran fieros y estaban más que preparados para luchar contra romanos, vikingos e ingleses, su propia falta de unidad los hizo enfrentarse a una constante agitación doméstica.

Curiosamente, en la época de los romanos, aunque Inglaterra quedó bajo el control del Imperio romano, Irlanda se consideraba fuera de los límites y no valía el esfuerzo. Durante los días de la República romana, Julio César desembarcó en la costa sur de Gran Bretaña en dos ocasiones diferentes, una en el 55 a. e. c. y otra en el 54 a. e. c. Sin embargo, nunca se acercó a Irlanda.

Según el historiador romano Tácito, no fue hasta mediados del siglo I e. c. cuando Irlanda estuvo en la mente de los ejércitos romanos. El general romano Cneo Julio Agrícola (que casualmente era suegro de Tácito) recorrió las costas del sur de Escocia. En un momento dado, pudo ver las costas de Irlanda a lo lejos. Tácito continúa relatando que Agrícola afirmó que todo lo que necesitaba era una sola legión romana y la autoridad para utilizarla, con el fin de apoderarse fácilmente de las nuevas tierras que veía.

Gran Bretaña tenía abundantes recursos para mantener ocupados a los romanos, como sus yacimientos de plomo y estaño. Irlanda, por otro lado, simplemente no se consideraba que mereciera la pena el esfuerzo. Irlanda no disponía de los recursos que necesitaban los romanos. En su mayor parte, los habitantes irlandeses no molestaban a los romanos, aunque sí se producían actos de piratería. ¿Por qué desperdiciar hombres romanos perfectamente buenos en tomar una isla que, francamente, no se deseaba?

Los romanos ya tenían bastante con Gran Bretaña. Se enfrentaron a múltiples levantamientos y rebeliones en la región. A pesar de los mejores intentos de los romanos, nunca consiguieron tener toda Gran Bretaña bajo su control. Las tribus escocesas fueron una espina especialmente clavada en el costado del Imperio romano. El emperador romano Adriano construyó famosamente una muralla para delimitar el pretendido dominio romano.

No está del todo claro si los celtas irlandeses adquirieron o no el hábito de asaltar los yacimientos romanos tras la construcción de la muralla. El escritor e historiador Paul F. State ha especulado al respecto debido a que en Irlanda se han encontrado artefactos romanos que datan del siglo I de nuestra era. State considera que estos objetos podrían haber sido robados a los romanos después de que los celtas asaltaran las bases romanas en las fronteras de la Britania romana. Sin embargo, estos objetos muy bien podrían haber sido recibidos a través del comercio.

Existen pruebas de que los propios irlandeses intentaron insertar sus propias colonias en algunas partes de Gran Bretaña. Durante el siglo IV e. c., se establecieron asentamientos irlandeses en Gales. El mayor empuje de esta fuerza invasora irlandesa procedía de Leinster, y se dice que el nombre de la península de Llyn deriva de este hecho.

Las afirmaciones sobre las incursiones irlandesas en Gran Bretaña están respaldadas además por una crónica del siglo X de un obispo y rey irlandés del condado de Tipperary, que hizo la siguiente afirmación:

> «El poder de los irlandeses sobre los británicos era grande, y habían dividido Gran Bretaña entre ellos en estados ... Y los irlandeses vivían tanto al este del mar como en Irlanda, y sus viviendas y fortalezas reales se hicieron allí ... Y tuvieron ese control durante mucho tiempo, incluso después de la llegada de san Patricio a Irlanda».

Si hemos de creer este relato, parece que los poderosos gobernantes irlandeses iban y venían por el mar de Irlanda con facilidad. Según el cronista, los poderosos irlandeses se instalaban en el norte de Gran Bretaña con sus «moradas y fortalezas reales» y, básicamente, se enseñoreaban de los lugareños tanto como podían.

Los piratas celtas fueron problemáticos en ocasiones para los romanos y los nativos británicos. Estos piratas tenían como objetivo las ciudades costeras, los pueblos y los barcos comerciales. Buscaban riquezas, ganado, esclavos y mercancías valiosas, como metales preciosos, tejidos y alimentos. Uno de los esclavos más famosos que capturaron los piratas celtas fue nada menos que san Patricio.

Los celtas, en general, eran hábiles marinos y guerreros. Utilizaban embarcaciones rápidas y maniobrables, lo que les permitía acercarse rápidamente a sus objetivos, realizar ataques por sorpresa y eludir persecuciones. A pesar de carecer de instrumentos de navegación avanzados, seguían siendo navegantes notables. Observaban los cielos, los puntos de referencia, las corrientes y los vientos para navegar por los mares.

En la antigua Irlanda, la sociedad celta estaba organizada en una estructura jerárquica, en la que los guerreros ocupaban un lugar destacado. Los guerreros eran muy apreciados por su valentía, habilidad en el combate y lealtad a sus líderes. Se sometían a un riguroso entrenamiento desde una edad temprana, aprendiendo técnicas de combate, destreza con las armas y tácticas. Las armas celtas más populares eran espadas, lanzas, jabalinas, escudos y arcos y flechas. Los guerreros celtas empleaban diversas tácticas. Eran conocidos por su habilidad en el combate cuerpo a cuerpo y a menudo recurrían a tácticas de ataque y huida o a emboscadas para obtener ventaja.

Las tribus celtas eran conocidas por su espíritu guerrero y su feroz independencia, lo que hizo reflexionar a los romanos a la hora de invadir Irlanda. Los romanos estuvieron a punto de lanzar una invasión de Irlanda propiamente dicha. En el año 81 de la era cristiana, un ambicioso general romano —el ya mencionado Agrícola— hizo planes, solo para que estos fueran cancelados por un dubitativo emperador Domiciano, que consideraba la empresa demasiado arriesgada y que no merecía la pena.

Domiciano se dio cuenta de que necesitaría bastante mano de obra para semejante hazaña y comprendió prudentemente que las legiones de Roma estaban ya demasiado estiradas. Reconoció que necesitaba esas tropas preparadas por si estallaban otros incendios en otras fronteras romanas.

Aun así, la influencia de Roma todavía podía sentirse en Irlanda, aunque la isla no estuviera ocupada activamente por tropas romanas. Se siguen encontrando monedas, por ejemplo, que datan del reinado del ya mencionado Adriano (r. 117 e. c.-138 e. c.) esparcidas por las costas orientales de la costa irlandesa. Una vez más, los historiadores debaten si estas monedas se recibieron a través del comercio o de incursiones, pero en cualquier caso, la influencia de los romanos es clara.

Los romanos nos proporcionan nuestros primeros atisbos del registro histórico irlandés. Los celtas de Irlanda tenían una lengua escrita (ogam), pero no está claro cuándo se creó. La mayoría de los eruditos creen que se inventó en el siglo IV de nuestra era, mientras que otros insisten en que se creó en el siglo I a. e. c. Si esto último es cierto, o bien los celtas no conservaban registros escritos debido a una fuerte creencia en las tradiciones orales, o bien estos registros fueron destruidos. Sin embargo, su fuerte tradición oral permitió que su historia y sus leyendas quedaran registradas, aunque esto ocurrió mucho más tarde. Y como sabemos, las cosas se pierden o se malinterpretan cuando se escriben siglos después de los hechos.

Muchas de estas leyendas orales hablan de poderosos reyes irlandeses. Uno de los más famosos de estos reyes fue un personaje llamado Cormac mac Airt (también conocido como Cormac ua Conn). Aunque se debate, algunos eruditos —el historiador Paul F. State es uno de ellos— creen que fue un rey real que vivió durante el siglo III.

Se dice que Cormac mac Airt tenía su corte en la antigua ciudad irlandesa de Tara y contaba con un gran ejército de *fianna*, una guardia militar de élite formada por guerreros procedentes de la nobleza irlandesa. De ser cierto, este poderoso rey irlandés de leyenda habría vivido durante una de las épocas más cruciales tanto de la historia irlandesa como de la romana. Habría reinado en Irlanda justo cuando los romanos se acercaban a sus dominios (pero no los invadían).

En cualquier caso, más que ejércitos conquistadores extranjeros, serían las innovaciones culturales extranjeras y, lo que es más importante, las perspectivas filosóficas las que penetrarían profundamente en el mundo irlandés. En el siglo IV de nuestra era, el Imperio romano experimentó una conversión masiva al cristianismo. Los misioneros de la Iglesia católica romana no tardarían en llegar a las costas irlandesas.

Capítulo 2: La llegada del cristianismo

«Soy Patricio, un hombre pecador y muy ignorante. Declaro que he sido nombrado obispo en Irlanda y creo que he recibido este cargo de Dios mismo. Vivo como forastero y exiliado aquí entre bárbaros y paganos a causa de mi amor a Dios. Él es mi testigo de que esto es cierto. Nunca he querido hablar con dureza y severidad, pero el celo de Dios y la verdad de Cristo me han obligado a hacerlo por el bien de mis vecinos e hijos, por los que entregué mi patria, mi familia y mi propia vida hasta mi muerte. Vivo para mi Dios para enseñar a los no creyentes, si soy digno, aunque algunos me odien».

—San Patricio

Curiosamente, aunque fue Inglaterra la que más se benefició de la ocupación romana, ya que sus habitantes disfrutaban de carreteras pavimentadas, métodos de gobierno eficientes y leyes romanas, Irlanda se convertiría en el centro de la fe católica romana. Tras la caída del Imperio romano, el atraso de Irlanda y la falta de carreteras le permitieron de hecho convertirse en una especie de refugio para el cristianismo.

A diferencia de gran parte del mundo de la época, Irlanda era de difícil acceso y, por tanto, difícil de amenazar. Los misioneros cristianos empezaron a hacer viajes a Irlanda en el siglo III, pero fue un misionero del siglo V llamado Patricio quien haría las mayores incursiones.

Patricio procedía de una rica familia romana. Era hijo de un magistrado romano llamado Calpurnio. Al parecer, Calpurnio también era diácono en la iglesia local donde creció Patricio. Es probable que Patricio estuviera a punto de seguir los pasos de su padre cuando intervino el destino. De joven, Patricio fue secuestrado por un grupo de piratas irlandeses.

Secuestrar a jóvenes romanos ricos había sido una tradición tan antigua como la propia Roma. Uno de los gobernantes romanos más famosos, Julio César, había sido incluso secuestrado por piratas, aunque esto ocurrió cientos de años antes de la época de san Patricio. Normalmente, los secuestradores querían dinero de los parientes ricos de aquellos a los que habían raptado. Una vez pagado el rescate, liberaban a las personas que mantenían en cautividad.

Pero en el caso de Patrick, sus captores no buscaban un rescate. En su lugar, lo vendieron al mejor postor. Patricio fue comprado y esclavizado. Fue obligado a trabajar como pastor durante seis años antes de que finalmente escapara. A su regreso, Patricio sorprendió a sus amigos y a su familia al decidir regresar a Irlanda por voluntad propia como misionero.

Según algunos relatos, supuestamente oyó una voz que le decía: «Te suplicamos que vengas y camines entre nosotros una vez más». Patricio entendió esto como una orden directa de volver a Irlanda a predicar el evangelio y eso fue lo que hizo. Llegó de nuevo a Irlanda en el año 432 de la era cristiana y empleó el resto de su tiempo en la Tierra en predicar a los irlandeses.

Pasaría unos treinta años en Irlanda, predicando el evangelio por toda la Isla Esmeralda. No solo consiguió atraer a muchos conversos a la fe, sino que también estableció iglesias que seguirían siendo puntos focales duraderos para la religión, así como para la sociedad en general. En la época de la muerte de san Patricio, se podían encontrar iglesias por todo el paisaje irlandés.

Una de las razones del éxito de san Patricio fue su profundo conocimiento de Irlanda, su gente, su estructura cívica y su cultura. Patricio era un agudo observador y, durante su cautiverio en Irlanda, había aprendido mucho. Hizo buen uso de este conocimiento del funcionamiento interno de Irlanda cuando se propuso establecer un punto de apoyo cristiano permanente.

Por ejemplo, Patricio comprendió la naturaleza de los múltiples gobernantes en múltiples regiones gobernadas por un rey supremo. No trató de perturbar este sistema. Al contrario, trabajó cuidadosamente dentro de su marco e hizo ajustes cuando fue necesario para que las iglesias que estableció pudieran existir en armonía con el liderazgo local.

San Patricio se llevaba especialmente bien con los dirigentes de Armagh. Esta antigua ciudad irlandesa se remonta al menos al siglo I de nuestra era. Era un lugar sagrado para los adoradores paganos. En la época de Patricio, Armagh aún se consideraba un lugar de importancia, por lo que solo tenía sentido que intentara convertirla en un punto central del catolicismo irlandés.

El hecho de que san Patricio se hubiera congraciado con los líderes de Armagh hizo que esta región adquiriera una gran prominencia en la Iglesia irlandesa; esta prominencia sigue firmemente intacta hasta nuestros días. La propia ciudad de Armagh se convertiría en la pieza central de la misión de san Patricio, extendiéndose sus esfuerzos en círculo desde allí.

Siguiendo el ejemplo de san Patricio, muchos obispos irlandeses mantuvieron estrechas relaciones con las familias gobernantes más importantes de Irlanda. Pronto, se dice que la estructura eclesiástica de Irlanda básicamente «reflejaba» la estructura cívica que ya existía.

San Patricio y sus contemporáneos también tuvieron mucho interés en no intentar extirpar gran parte de la cultura y el folclore irlandeses ya existentes. Mientras las creencias autóctonas pudieran compatibilizarse de algún modo o, como mínimo, no supusieran una amenaza significativa para la religión cristiana, Patricio y sus contemporáneos inmediatos no parecían preocuparse demasiado por el hecho de que los cristianos irlandeses siguieran creyendo en hadas y duendes.

Existe una leyenda bastante persistente según la cual san Patricio expulsó a las serpientes de Irlanda. Supuestamente se situó en lo alto de una colina y ordenó a las serpientes que se marcharan; los verdaderos creyentes siguen insistiendo en que lo hicieron. Sin embargo, la mayoría de los historiadores creen que se trata de un mito. Los geólogos respaldan la pura imposibilidad de esta tarea divina, no porque san Patricio no estuviera dispuesto a ello, sino porque no se cree que Irlanda tuviera nunca serpientes para empezar.

Se cree que tras la retirada de los hielos de la última Edad de Hielo, el posterior mar de Irlanda, que separa Irlanda de Gran Bretaña supuso una barrera demasiado formidable para que cualquier serpiente pudiera cruzarla. Aunque esta razón teórica de que Irlanda esté libre de serpientes se presenta a menudo (a falta de un término mejor) como un evangelio, haríamos bien en recordar que sigue siendo solo una teoría. Si la gente desea creer que san Patricio es la razón por la que Irlanda no tiene serpientes, es probable que también se aferren a su propia teoría.

Otro aspecto interesante de la cristianización de Irlanda es la forma en que permitió que las tradiciones locales se integraran con las ideas cristianas. Por ejemplo, misioneros como Patricio señalaron los célebres tréboles de tres hojas (*shamrocks*) de Irlanda como un ejemplo de la Trinidad.

Según la leyenda, se dice que san Patricio habló de cómo el trébol brotaba tres hojas de la misma fuente, al igual que Dios, que era una entidad trina que surgía igualmente de la misma fuente eterna.

San Patricio hablaba de temas complejos a los irlandeses, por lo que la utilización de una ayuda visual familiar en forma de trébol probablemente habría tenido mucho más sentido para ellos. No tenemos pruebas firmes de que esta comparación ocurriera, pero si san Patricio o cualquier otro misionero católico romano hiciera algo así, realmente no sería sorprendente. Hay ejemplos de este tipo de intentos de tender puentes sobre divisiones culturales percibidas a lo largo de toda la historia cristiana.

El cristianismo introdujo mucho de lo que Irlanda había carecido en términos de civilización. Así, el cristianismo aportó por fin a los irlandeses un sistema de escritura viable. Es cierto que los celtas tenían su propio sistema rúnico, pero no estaba bien establecido, y las runas celtas difícilmente podían competir con el alfabeto latino que los cristianos trajeron consigo.

Debido a esta afluencia de la alta cultura cristiana, así como al relativo aislamiento de Irlanda, este país se convirtió en una improbable salvaguardia de la cultura y la civilización tras la caída del Imperio romano y a lo largo de la llamada Edad Oscura.

San Patricio tenía gran interés en fomentar la vida monástica. Varios monasterios e innumerables monjes, que se dedicaban a estudiar la Biblia en reclusión, empezaron a surgir por toda Irlanda. Estos monasterios no solo eran centros de aprendizaje, sino también —como profundizaremos un poco más en breve— importantes focos de la sociedad cívica. Los monasterios crearon un sólido conjunto de normas por las que se regirían las comunidades circundantes.

El monasterio de San Kevin, en el condado de Wicklow, construido en el año 500²

Estos monjes tampoco estaban siempre encerrados en sus monasterios. Periódicamente, salían a predicar el Evangelio y, en general, hacían todo lo posible por mantener viva la llama del cristianismo.

Los irlandeses consiguieron incluso revitalizar el cristianismo en Europa occidental cuando estaba en declive. Irlanda devolvió el favor misionero enviando santos autóctonos al extranjero, como el audaz y elocuente Columba, que partió de Irlanda en el siglo VI.

Columba nació en el año 521 en el condado de Donegal, en el Ulster. Durante su estancia en Irlanda, plantó muchos monasterios y ayudó a sus correligionarios en todo lo que pudo. Abandonaría Irlanda para predicar en el extranjero en 563.

Es fácil suponer que su repentina partida se debió a su propio celo por difundir el evangelio, pero según los historiadores, en realidad fue algo más complicado que eso. No hay duda de que el celo religioso por evangelizar formaba parte de ello, pero también había otros factores en juego.

Justo antes de abandonar Irlanda, Columba se había enzarzado en una gran disputa con los poderes locales a causa de un preciado manuscrito (algunas tradiciones sugieren que se trataba de la traducción Vulgata/Latina de las Escrituras) que, al parecer, había copiado sin autorización.

El otro trabajo principal de los monjes en los monasterios era el de escribas. Antes de la invención de la imprenta, muchos monjes pasaban gran parte de su vida copiando laboriosamente a mano libros y otros textos escritos.

Al parecer, esto es lo que hizo Columba con el documento en cuestión. A otro miembro del clero irlandés, san Finnian, no le hizo mucha gracia. Al enterarse de la copia no autorizada de Columba, le ordenó que le entregara el documento.

Finnian estaba tan furioso que llevó el asunto ante el rey supremo de Irlanda, Diarmait mac Cerbaill. Tanto Finnian como Columba acabaron llevando su caso ante el rey. Finnian argumentó que estaba mal que Columba copiara el manuscrito sin su permiso, mientras que Columba argumentó que estaba mal que Finnian intentara retener la escritura como rehén. Columba argumentó básicamente que el documento debería ser accesible a todo el mundo y que él o cualquier otra persona debería poder copiarlo en cualquier momento.

Resulta intrigante pensar que tales argumentos se esgrimían antes de que existiera la noción moderna de infracción de los derechos de autor. El rey supremo utilizó su propio sentido común para formular una sentencia sobre el asunto. Supuestamente, razonó que al igual que un ternero pertenece a una vaca, una copia de un libro pertenece al propietario original del libro. El rey supremo decidió que, efectivamente, era san Columba quien estaba equivocado.

Este fallo provocó mucho rencor entre Columba y el rey supremo Diarmait mac Cerbaill. Algunos historiadores creen que Columba pudo haber tomado su misión evangelizadora en ultramar como una especie de «penitencia» por la angustia que había estallado. En todo caso, es probable que fuera una buena excusa para alejarse de todo el drama.

Sea como fuere, partió con doce compañeros peregrinos. La primera parada de Columba en este viaje fue la isla de Iona, al oeste de Escocia. Este monasterio se convertiría en un lugar célebre para los peregrinos, pero a su llegada, fue la zona cero de una batalla ideológica entre los cristianos irlandeses y los paganos, ya que fue aquí donde se encontró con los que profesaban la fe druida.

El druidismo se remonta a algún momento de la antigüedad. La primera mención real de ellos la hizo Julio César, que se encontró con druidas celtas durante la primera y funesta invasión romana de Gran Bretaña. El recuerdo más destacado que tuvo César de esta misteriosa religión fue que practicaba una forma de sacrificio humano. Se dice que los druidas metían a las personas dentro de estatuas gigantes de mimbre y las quemaban vivas como sacrificio a sus deidades.

Al parecer, Columba se encontró con algunos de los druidas rezagados e hizo todo lo posible por convertir a los que aún practicaban el druidismo. También intentó convertir a los líderes locales entre los pictos, un grupo étnico predominante en la región en aquella época. Columba tuvo éxito en este objetivo, ya que consiguió persuadir al rey Brude de los pictos para que se hiciera cristiano.

A la muerte de Columba, en 597, había llegado a gran parte de Escocia, así como al norte de Inglaterra. Su influencia llegó incluso hasta las islas Orcadas.

Para entonces, el Imperio romano de Occidente hacía tiempo que había caído y gran parte de Europa occidental estaba convulsionada. El hecho de que Columba y sus seguidores fueran capaces de continuar con el mensaje del catolicismo romano, incluso cuando el Imperio romano de Occidente ya no existía, es un gran testimonio de la fuerza del cristianismo irlandés. La mano calmada y firme de Columba hizo mucho para guiar a un rebaño maltrecho y cansado a través de estos tiempos difíciles.

Como ya se ha mencionado, los monasterios sirvieron de punto focal para el cambio social en las culturas circundantes. En 697, unos cien años después del fallecimiento de Columba, una conferencia de obispos dirigida por un sacerdote llamado Adomnán de Iona redactó la «Ley de Inocentes». Esta ley instituyó importantes salvaguardias para las mujeres y los niños

Por ejemplo, la ley insistía en que los niños no debían ser convertidos en niños soldados y obligados a luchar en las guerras. La ley también estipulaba que las mujeres no debían ser agredidas ni sometidas a la violencia. En la actualidad, estas cosas se dan por sentadas, pero sin la influencia de estos obispos, que se aseguraron de que se respetaran tales derechos humanos básicos, tal vez no hubiera sido así en aquella época.

Curiosamente, la ley también abarcaba a los propios sacerdotes cristianos. Junto con las mujeres y los niños, los clérigos eran considerados inocentes, no combatientes que no debían ser forzados a participar en altercados.

San Patricio escribió extensamente sobre la protección de la vida inocente en su época. En una de sus cartas, que ha logrado sobrevivir a lo largo de los siglos, habla apasionadamente sobre algunas de las terribles pérdidas de vidas de las que había sido testigo. Esta epístola, que se titulaba «Carta a los soldados de Corótico», iba dirigida a un gobernante británico en particular, cuyos soldados habían transgredido gravemente a algunos de su rebaño.

En la carta, Patrick afirmaba:

> «He compuesto y escrito estas palabras con mi propia mano, para que sean tomadas, enviadas y entregadas a los soldados de Corótico. No los llamo mis compatriotas ni benditos ciudadanos romanos, porque por sus malas acciones se han convertido en conciudadanos de los demonios. Actúan del mismo modo que nuestros enemigos y viven en la muerte como aliados de los irlandeses y de los apóstatas pictos. Son hombres sedientos de sangre que anhelan la sangre de cristianos inocentes, los mismos que yo traje a la vida en Dios y confirmé en Cristo. El día después de que estos hombres cortaran cruelmente con sus espadas a mis recién bautizados —todavía estaban vestidos con sus ropas blancas y tenían aceite de la unción en la frente— les envié una carta de la mano de un santo sacerdote al que había entrenado desde su juventud, junto con algunos clérigos. Les pedí que devolvieran a los cautivos bautizados junto con algunos de los bienes que habían robado, pero se rieron de ellos. No sé por quién debería llorar más, si por los asesinados, por los capturados o por los hombres atrapados tan completamente en las trampas del diablo. Porque quien comete pecado es esclavo del pecado y será conocido como hijo del diablo».

San Patricio estaba disgustado con la violencia desenfrenada que veía en Irlanda, y llegó a afirmar:

> «Sepan, pues, todos los que temen a Dios, que esos hombres son extraños a mí y a Cristo, mi Dios, al que sirvo como embajador. Son asesinos de padres y hermanos, lobos

rapaces que devoran al pueblo de Dios como si fuera pan. Como dice la Escritura: "Los malvados han destruido tu ley, Señor", la misma ley que nuestro misericordioso y bondadoso Dios ha establecido en Irlanda en estos últimos días».

Es interesante observar el tono apocalíptico que adopta san Patricio. Los cristianos llevan afirmando que el fin está cerca desde los inicios de la fe. Aunque nunca se ha fijado oficialmente una fecha, la Biblia afirma que el fin puede llegar en cualquier momento, y que hay que vigilar y esperar ciertas señales.

San Patricio también afirmó que tenía autoridad para expresar sus preocupaciones sobre la violencia, diciendo:

> «No me estoy excediendo en mi autoridad, pues soy uno de esos hombres que Dios ha llamado y predestinado para predicar el Evangelio ante terribles persecuciones, hasta los confines de la Tierra, aunque nuestro enemigo muestre sus celos a través del tirano Corótico, un hombre sin respeto por Dios ni por sus sacerdotes. Porque Dios ha elegido a los sacerdotes y les ha dado el poder más grande, divino y sublime, para que, a quien aten en la Tierra, también lo aten en el cielo».

Patricio está diciendo que, al igual que el papa, ocupa un cargo importante. Y gracias a los esfuerzos de san Patricio y de otros, la iglesia se convirtió en un punto central predominante del mundo irlandés de esta época[i]. Durante gran parte de los siglos VII y VIII, la iglesia sería el centro del gobierno, la educación y la economía.

Los grandes monasterios con forma de castillo almacenaban enormes cantidades de tesoros. Como dijo el escritor e historiador Peter Neville:

> «Los grandes monasterios de la época, más que los reyes y principados que lucharon por la dominación durante todo el periodo previkingo, eran las principales unidades económicas de esta sociedad. Un gran monasterio como el de Durrow podía tener muchos miles de inquilinos, iglesias dependientes con sus fincas y una vasta riqueza»[ii].

---

[i] Una nota al margen interesante aquí es que Patricio nunca ha sido canonizado formalmente por un papa. No obstante, muchos cristianos se refieren a Patricio como san Patricio.

[ii] Neville, Peter. *A Traveller's History of Ireland*. 1992.

Por ello, el obispo era considerado una especie de gobernante, que gobernaba su propio reino monástico. Los líderes seculares de Irlanda tendían a trabajar mano a mano con el clero. Esperaban que el clero sirviera esencialmente como representante de las comunidades en las que servían.

La noción de que los obispos cumplirían una doble función como líderes de la comunidad fue realizada nada menos que por san Patricio y quedó debidamente anotada en la llamada «Riaghail Phatraic» («Ley de Patricio»).

El erudito Peter Neville entró en algunos detalles sobre esto en su libro *A Traveller's History of Ireland*. Como señaló Peter Neville, esta parte concreta de la legislación monástica decretaba: «Habrá un obispo principal de cada *tuath* para ordenar a su clero, consagrar sus iglesias, ser confesor de gobernantes y superiores, y santificar y bendecir a sus hijos después del bautismo».

En realidad, no debería sorprender que se hubiera establecido tal jerarquía. El papa, tras la caída del Imperio romano de Occidente, era considerado básicamente el gobernante de su propio reino. Incluso hoy en día, el papa es considerado el jefe de su propio reino en miniatura dentro de Roma, ahora conocida como Ciudad del Vaticano.

La «Ley de Patricio» reconoció tal disposición y trató de reproducirla a menor escala en Irlanda, con los obispos gobernando sus propios pequeños dominios monásticos. Dado que los obispos eran considerados gobernantes por derecho propio, el monasterio era una especie de centro neurálgico de la comunidad. Eran intermediarios entre los plebeyos y los gobernantes de Irlanda. Al carecer de ejército propio, estos dominios monásticos eran la parte débil de la administración irlandesa. Probablemente no debería sorprendernos que invasores como los vikingos decidieran atacarlos.

Despiadadas bandas de vikingos se abalanzaban sobre Irlanda, despreciando por completo la «Ley de Inocentes» mientras mataban a cuantos encontraban, despojaban a los monasterios de sus tesoros y hacían todo lo posible por infundir miedo en los corazones de quienes encontraban. Los vikingos eran un grupo temible, y su llegada alteraría el curso del cristianismo irlandés de muchas maneras profundas e impredecibles.

Con la llegada de los vikingos, la relativa paz y prosperidad de Irlanda llegaría a un abrupto final cuando los irlandeses sufrieron un ataque totalmente inesperado desde el norte. A sus antagonistas les importaba un bledo el cristianismo. En su opinión, habría estado muy bien que la religión se extinguiera por completo (aunque sus sentimientos hacia la religión cambiarían con el paso del tiempo).

Capítulo 3: Invasiones vikingas en la Irlanda altomedieval

«Los irlandeses no quieren que nadie les desee el bien, quieren que todo el mundo desee el mal a sus enemigos».
—Harold Nicolson

Por mucho que Irlanda pudiera haber sido un refugio para el cristianismo y el aprendizaje durante la Edad Oscura, esa relativa sensación de seguridad llegaría a un final estremecedor cuando los vikingos del frío norte lanzaron un ataque inesperado y devastador contra un monasterio cristiano en Lindisfarne. El ataque se produjo en el año 793 de la era cristiana en la isla real de Lindisfarne, situada frente a las costas de Northumberland.

Aunque la isla no forma parte de Irlanda, tiene una larga tradición irlandesa. En el año 635 de la era cristiana, san Aidán, un monje irlandés, fundó el monasterio de Lindisfarne. El monasterio se convirtió en un centro de gran aprendizaje. Alrededor del año 700 e. c., se escribió un hermoso manuscrito latino iluminado conocido como los Evangelios de Lindisfarne.

En aquel momento, el ataque parecía totalmente aleatorio. Ciertamente, los monjes no habían hecho nada para ofender a estos extraños. Entonces, ¿por qué ocurrió? Bueno, puede que el ataque a Lindisfarne no fuera tan aleatorio como se pensaba. Lindisfarne era un importante centro de difusión cristiana en la región. Uno de los grupos a los que se dirigía activamente este alcance era, sin duda, algunos de los vikingos, que residían más al norte, en las tierras de Escandinavia.

Algunos historiadores creen que los vikingos estaban en medio de una especie de guerra santa con la Iglesia católica. Antes de este ataque a Lindisfarne, Carlomagno, rey de los francos y los lombardos, envió una expedición a lo que hoy es Dinamarca y masacró a los paganos nórdicos que encontró allí. También ordenó a sus tropas que quemaran uno de sus árboles sagrados.

Este incidente ocurrió en 772, cuando las fuerzas de Carlomagno se adentraban cada vez más en lo que entonces se conocía como Sajonia. Este árbol (o pilar) sagrado era conocido como Irminsul.

Cabe señalar que la mitología nórdica, así como la mitología druida de Irlanda, hace especial hincapié en los árboles sagrados. Si alguna vez se tala, los vikingos creen que se produciría el Ragnarök (la versión nórdica del Armagedón). En la mitología nórdica, Yggdrasil es un gran árbol que representa simbólicamente el universo mismo. La variante latina de Irminsul, de hecho, es *universalis columna*, que básicamente significa «columna que lleva el universo».

Cuando Irminsul, una representación de Yggdrasil, fue destruida, muchos vikingos lo tomaron como una señal de que el fin de los tiempos había comenzado. Y fue poco después de todo esto cuando Lindisfarne fue quemada hasta los cimientos.

¿Podría ser una coincidencia? Aún hay mucho debate al respecto, pero es plausible que, desde la perspectiva vikinga, el saqueo y la quema de Lindisfarne tuviera tanto de venganza como de mero saqueo.

Sin embargo, es increíblemente probable que los vikingos eligieran Lindisfarne porque estaba aislada y presentaba un objetivo fácil de asaltar. El ataque conmocionó a la comunidad cristiana. ¿Cómo podía alguien matar a monjes y saquear reliquias y tesoros de un centro religioso? Como ya se ha mencionado, los vikingos seguían una religión diferente, por lo que obviamente no tenían al cristianismo en tan alta estima. Para ellos, un tesoro era un tesoro.

Independientemente de por qué se produjo el ataque a Lindisfarne, los ataques vikingos aumentaron a lo largo de los años. Irlanda no se libró.

Irlanda había estado dividida internamente durante mucho tiempo por un sistema de muchos reyes que eran gobernados por un rey supremo. El país tenía sus debilidades, especialmente la desunión. Uno de los primeros esfuerzos para frustrar estas devastadoras incursiones vikingas fue construir una serie de torres de vigilancia en los monasterios y otras instalaciones vulnerables y en torno a ellos.

Estas torres de vigilancia proporcionaban una vista de águila de cualquier aproximación para poder dar la alarma. Las torres eran fortalezas formidables y también podían servir como lugares de refugio en caso de necesidad.

Los vikingos, sin embargo, se la jugaban. Pronto pasaron de las incursiones aleatorias al lanzamiento de invasiones totales. La primera oleada de estas se produjo en 795. Alrededor del año 836, los vikingos iniciaron grandes expediciones hacia el interior.

Los vikingos siguieron forzando su entrada en Irlanda hasta que empezaron a apoderarse de extensiones de tierra y a asentarse en la región. Gracias a los vikingos se desarrollaron las ciudades fortificadas de Dublín, Wexford, Waterford, Cork y Limerick. Los vikingos, por muy feroz que fuera su afición a la lucha, demostraron ser grandes administradores. Rápidamente, convirtieron sus asentamientos en importantes centros de intercambio comercial.

Este fue especialmente el caso de Dublín. Según el historiador Peter F. State, los registros más antiguos de un asentamiento vikingo en la región aparecen por primera vez en el año 843 de la era cristiana. En las orillas del río Liffey se erigieron estructuras toscas pero robustas. Probablemente comenzaron como zona de parada para los vikingos que llegaban del norte. Los vikingos navegaban hacia el mar de Irlanda y luego hacia lo que hoy se llama la bahía de Dublín, que es la desembocadura del río Liffey.

Este asentamiento pronto se fortificó con barreras de tierra e incluso muros de piedra. Estas fortificaciones permitieron a los barcos vikingos entrar y salir con facilidad, y tanto las incursiones como el comercio se adentraron en el resto de Irlanda.

Los vikingos prosperaron y siguieron aprovechándose del estado desorganizado de los irlandeses nativos. Sin embargo, por paradójico que parezca, se ha dicho que fue la propia naturaleza desorganizada y descentralizada del Estado irlandés lo que podría haberlo librado de una completa toma del poder por los vikingos. Si hubiera habido un solo gobernante centralizado de Irlanda, habría sido bastante fácil para un enorme ejército vikingo descender, derribar la base de poder y luego tomar el poder. Sin un único gobernante centralizado, los vikingos tenían varios incendios que apagar al mismo tiempo.

Aun así, los irlandeses pronto se unirían tras uno de los suyos que prometió deshacerse de los vikingos de una vez por todas. Alrededor del año 1000, un poderoso líder irlandés llamado Brian Boru llegó a la escena.

Brian Boru fue un hábil líder y guerrero que consiguió abrirse camino hasta la cima de la estructura de poder de Irlanda. Brian nació prácticamente en un estado de guerra con la familia de su padre, Cennetig —la dinastía Dal Cais— enfrentándose a la dinastía Eóganachta de Munster. Cennetig tuvo éxito en este objetivo, y para cuando pereció en 951, sus hijos, Mathgamain y Brian Boru, pudieron continuar la ofensiva adentrándose en Munster.

Mathgamain fue traicionado por sus enemigos derrotados y murió en 976. Esto dejó a Brian a cargo de la conquista de Irlanda por parte de su familia. Sus esfuerzos no defraudaron, pues pronto tuvo el control de todo Munster, situado en el sur de Irlanda. Después dirigió su atención hacia el norte, al Ulster. Aquí, acabó con varios reyes menores antes de que su atención se dirigiera a Leinster y al bastión vikingo de Dublín.

En 999, Brian Boru consiguió acabar con sus rivales más poderosos en Leinster y Dublín. En el año 1011, el dominio de Brian Boru sobre Irlanda estaba prácticamente asegurado. Sin embargo, pronto quedaría claro que aún quedaban algunos asuntos pendientes de los que ocuparse. El rey de Leinster, Máel Mórda mac Murchada, ya había dado su sumisión, pero hervía de resentimiento. Una vez que Brian Boru le dio la espalda, Máel Mórda entró en un complot con los vikingos para alinear sus fuerzas con el caudillo vikingo Jarl Sigurd de las Orcadas.

En 1014, la batalla de Clontarf se libró en las afueras de Dublín el Viernes Santo. Una coalición de guerreros irlandeses reunidos por Brian Boru se estrelló contra esta nueva amenaza. Brian Boru murió en la batalla, pero su némesis y rival, Máel Mórda mac Murchada, también fue abatido. Los vikingos de Irlanda habían recibido un golpe decisivo.

Sin embargo, aunque los vikingos fueron derrotados en Clontarf, permanecieron en su lugar. A partir de ese momento, continuarían el largo proceso de mestizaje con los lugareños. Habría matrimonios mixtos y fusión de costumbres. Como sostiene el historiador Paul F. State, esta nueva fase única de la cultura irlandesa podría denominarse «hiberno-nórdica». Esta mezcla de culturas y tradiciones acabaría resistiendo los embates de una inminente invasión procedente de Normandía, Francia.

Capítulo 4: La conquista normanda y el inicio del control anglosajón

«Tú que quieres juzgarme, no juzgues solo este libro o aquel, ven a este lugar sagrado donde cuelgan los retratos de mis amigos y míralos. La historia de Irlanda en sus lineamientos traza; piensa dónde más comienza y termina mi gloria y di que mi gloria fue haber tenido tales amigos».

—William Butler Yeats

La invasión normanda suele considerarse como una invasión de Gran Bretaña. Sin embargo, Irlanda también sufrió una invasión, que tuvo lugar en mayo de 1169. Resulta que los normandos tuvieron el mismo problema que los vikingos antes que ellos.

A los normandos les habría gustado mucho lograr un golpe de gracia como el que habían dado en Inglaterra, derrotando en batalla al rey supremo de Irlanda. Sin embargo, Irlanda se encontraba de nuevo en un estado de desunión durante esta época, por lo que no había una única figura de autoridad a la que los normandos pudieran derrocar. Aun así, la maquinaria bélica normanda siguió adelante con sus planes para apoderarse de Irlanda.

Teniendo en cuenta todo esto, cabe preguntarse qué ganaban los normandos. ¿Por qué se tomaron la molestia de invadir Irlanda en primer lugar?

Parece que una de las principales motivaciones era que Irlanda, a pesar de su desunión general, presumía de una sólida red comercial, que se remontaba a los tiempos de los vikingos. Esto tiene sentido; después de todo, los vikingos habían convertido Dublín en un importante centro comercial. Dublín era el centro de una red cuyos brazos se extendían en espiral hasta Bristol.

Antes de la invasión normanda de Irlanda, la invasión normanda de Inglaterra fue dirigida por una de las figuras más conocidas e icónicas de la historia: Guillermo el Conquistador. Antes de conquistar Inglaterra, ostentaba el título de duque de Normandía.

El drama comenzó cuando el rey inglés, Eduardo el Confesor, pereció abruptamente en 1066 sin un heredero claro al trono. Guillermo estaba dispuesto a reclamar, ya que Ricardo II de Normandía, tío del difunto rey Eduardo, era su abuelo.

Sin embargo, esta reclamación no fue reconocida en Inglaterra, y un noble llamado Harold Godwinson fue nombrado rey en su lugar. Después de que los ingleses se negaran a reconocer la reclamación de Guillermo, este decidió tomar el poder por la fuerza. Esto condujo a un desembarco normando y a la subsiguiente batalla de Hastings el 14 de octubre de 1066. Esta fatídica batalla dejaría a Harold muerto en el campo de batalla y a sus tropas derrotadas. Guillermo aún tenía que luchar un poco más, pero antes de que acabara el año sería aclamado como rey. Fue coronado oficialmente el día de Navidad (25 de diciembre) de 1066.

Guillermo el Conquistador perecería en 1087, pero sus sucesores normandos dirigieron la carga hacia Irlanda. Entre los años 1169 y 1171, los normandos consiguieron varias victorias contra los irlandeses.

Durante este periodo, todo el sureste de Irlanda fue asediado y Wexford fue tomada por los normandos. La superioridad del equipamiento ayudó a los normandos y a sus auxiliares ingleses en su conquista. Los ejércitos normandos contaban con las armas y armaduras más modernas, mientras que el armamento irlandés solía ser de segunda categoría.

Las tropas normandas e inglesas, por ejemplo, disponían de formidables ballestas, que utilizaban para diezmar a la infantería irlandesa. Los irlandeses, por su parte, seguían utilizando primitivas hondas para lanzar piedras a sus oponentes. Como dijo el escritor e historiador Peter Neville:

«Los normandos tenían caballeros fuertemente acorazados que luchaban a caballo y contaban con el apoyo de ballesteros galeses bien entrenados, mientras que los irlandeses nativos aún utilizaban hondas y piedras como armamento, y cuando montaban a caballo, lo hacían a pelo»[i].

Los superados defensores irlandeses fueron fácilmente derrotados. Los normandos obtuvieron una serie de victorias fáciles en el sureste de Irlanda entre los años 1169 y 1171. De particular importancia fue la toma de Dublín por los normandos en 1170.

En esta época, Inglaterra estaba gobernada por el rey Enrique II, que era un modernizador y pretendía sacar a Gran Bretaña de la Edad Media. El rey Enrique II fue también un vigoroso defensor de la expansión. Pero tenía algunos motivos ocultos para hacerlo.

En 1171, Enrique se vio envuelto en una controversia religiosa después de que su principal antagonista respecto a la fe, Thomas Becket, fuera asesinado. El rey Enrique II y Thomas Becket habían sido amigos íntimos en el pasado. El rey incluso nombró arzobispo a Becket. Sin embargo, las cosas no salieron como estaba previsto. Becket consiguió avivar la ira del rey, discutiendo enérgicamente sobre cuál debía ser la relación exacta entre la Iglesia y el Estado.

La relación del rey con Becket siguió deteriorándose. Esta discordia llegó a un punto aterrador y violento en diciembre de 1170, cuando unos caballeros leales al rey irrumpieron en la catedral de Canterbury y le pusieron las manos encima a Becket por la fuerza. Se dice que en un principio pretendían arrestarlo, pero en el transcurso del forcejeo, uno de los caballeros cortó con su espada buena parte de la parte superior de la cabeza de Becket. Dejaron que Becket se desangrara hasta morir en la iglesia. Este acto sangriento generó bastante escándalo.

Enrique era sospechoso de haber estado detrás del golpe, y de hecho fue condenado por la iglesia por llevar a cabo el asesinato. Se le dijo que se embarcara en una «hazaña adecuada» para reivindicarse, y parece que la conquista de Irlanda fue la búsqueda en la que se decidió.

Sin embargo, una vez sometida militarmente Irlanda, Enrique se mostró demasiado distraído para administrarla adecuadamente. Intentó dejar esta tarea en manos de subordinados y finalmente puso a su propio

---

[i] Neville, Peter. *A Traveller's History of Ireland.* 1992.

hijo, Juan, al mando en 1177. El único problema era que su hijo ¡solo tenía entonces nueve años! Esto significaba que el verdadero poder recaería en aquellos que asesoraban a Juan, y estos hombres a menudo tenían lealtades y motivaciones opuestas.

Sin embargo, en 1185, el rey Enrique llegó a solicitar al papa que Juan fuera reconocido como rey de Irlanda. Juan visitó Irlanda por primera vez en 1185 y permaneció allí varios meses, observando el antagonismo que se manifestaba entre los ocupantes normandos y los dirigentes irlandeses locales. No parece que Juan ayudara a mejorar las cosas, ya que sus modales arrogantes se pusieron de manifiesto ante los jefes irlandeses. Aunque este incidente es discutido por los historiadores, algunos relatos afirman que llegó a tirar de las barbas de algunos de los líderes irlandeses que acudieron a reunirse con él. Si esa historia es cierta, tales acciones no son, cuando menos, entrañables.

Juan estaba más que contento de dejar el gobierno real de Irlanda en manos de otros. Tras la muerte del rey Enrique II en 1189, la corona inglesa pasó a manos del hermano mayor de Juan, Ricardo Corazón de León. Corazón de León fue el afamado cruzado que dirigió un ejército a Oriente Próximo y luchó contra el sultán Saladino de Egipto y Siria hasta la muerte.

Ricardo perecería en 1199, convirtiendo a su hermano Juan en el nuevo rey de Inglaterra, así como en el supuesto rey de Irlanda. No fue hasta 1210 cuando el bueno del rey Juan, ya crecido, decidió hacer valer su peso e imponer su dominio sobre Irlanda. Este dominio impuesto significó el establecimiento de un estado feudal dentro de Irlanda.

La ocupación normanda vio cómo las tierras irlandesas, que habían sido dominio de los jefes irlandeses, eran repartidas y entregadas a la nobleza inglesa. En realidad, esto creó un pequeño problema al rey Juan más adelante, cuando algunos barones anglonormandos empezaron a hacerse un poco demasiado grandes para sus pantalones. En 1210, el rey Juan se dirigió a Dublín para acabar con cualquier posible oposición y dejar claro quién mandaba. Pronto estalló una lucha activa con estos barones y las tropas de Juan sitiaron el estratégico emplazamiento del castillo de Carrickfergus.

Este acontecimiento llevó al poderoso barón anglonormando llamado Hugh de Lacy a abandonar Irlanda y dirigirse a Escocia. Hugh de Lacy había sido anteriormente una figura importante y fue uno de los principales participantes en las primeras etapas de la invasión normanda de Irlanda bajo el padre de Juan, el rey Enrique II. Hugh de Lacy también fue parte integrante de la pacificación de los irlandeses locales, una tarea que se consideró concluida en el año 1175. Por sus esfuerzos, se le concedió el control de la mayor parte del condado de Meath. Su abrupta partida hacia Escocia, sin embargo, dejó sus tierras irlandesas en juego.

Mientras tanto, el rey Juan tenía sus propios problemas en Inglaterra. Debido al descontento de sus propios nobles en casa, se vio obligado a firmar el innovador documento legal conocido como la Carta Magna en 1215. Este documento garantizaba a los súbditos propietarios de tierras de la Corona una audiencia justa en los tribunales si estallaba una disputa. La Carta Magna también garantizaba que no se ejercerían coacciones injustificadas contra ellos.

La noción de que a uno se le debe permitir su día en los tribunales y de que no debe ser atacado sin motivo parece probablemente de sentido común para la mayoría de nosotros hoy en día. Sin embargo, estos fueron hitos importantes en la Gran Bretaña de la época. Antes de la firma de la Carta Magna, los reyes podían hacer básicamente lo que quisieran; ahora, había al menos algunas salvaguardias para la nobleza (el resto tendría que esperar).

Una vez logrado esto, se estableció un equilibrio entre los gobernantes anglonormandos de Irlanda y el rey de Inglaterra. Los términos de la Carta Magna debían aplicarse a Irlanda tanto como a Inglaterra, y en 1217 se emitiría una carta posterior más específica que sustituyó notablemente «Londres» por «Dublín». Por lo demás, la carta era prácticamente la misma.

No mucho después de que el rey Juan firmara la Carta Magna original, murió. Falleció en 1216 y le sucedió su joven hijo, Enrique III.

Tanto Enrique III como su sucesor, Eduardo I, se contentaron con gobernar Irlanda desde lejos a través de funcionarios reales. No realizaron ninguna visita oficial a la región durante sus respectivos reinados. El rey Eduardo, por su parte, sí hizo un esfuerzo para que al menos los irlandeses aceptaran el derecho consuetudinario inglés.

Eduardo comunicó en 1277 sus planes de incorporar a los irlandeses al sistema civil inglés, pero los irlandeses se contentaron con seguir con sus propios códigos legales y tradiciones antiguas, por lo que lo ignoraron en gran medida. Esto supuso un revés para la racionalización efectiva del gobierno en Irlanda. Dejó a Irlanda fuera del circuito integrado que recorría la primitiva burocracia inglesa, que era esencialmente un precursor de lo que se convertiría en el Parlamento.

Apartada del mundo burocrático, Irlanda tendría que ser gobernada por decreto del rey de Inglaterra. Mientras tanto, los irlandeses habían mantenido su tradición de un rey supremo, aunque el cargo fuera bastante vacuo. Brian O'Neill, del poderoso clan O'Neill, se convirtió en rey supremo en 1258. Pero si sirve de demostración de lo arbitraria que se había vuelto la distinción, el título se ofreció en realidad al rey de Noruega en 1263, en un intento fallido de obtener el apoyo nórdico contra los ingleses.

Brian O'Neill fue derrotado por colonos anglo-normandos y muerto en batalla en 1260. Tradicionalmente, esta habría sido la señal para que los irlandeses iniciaran el largo y problemático proceso de disputarse entre ellos un sucesor. Pero en lugar de buscar entre ellos, finalmente pusieron la vista hacia fuera. En 1263, ofrecieron la alta realeza de Irlanda al rey Haakon IV de Noruega.

El hecho de que los irlandeses prefirieran ser gobernados por un completo forastero en forma de rey noruego demuestra el total desprecio que sentían por los odiados terratenientes anglo-normandos y por el rey inglés que los respaldaba.

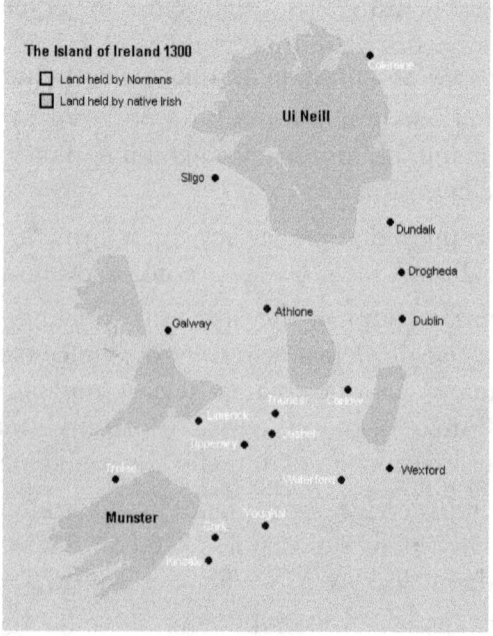

Irlanda en 1300⁹

La prosperidad de Irlanda subiría y bajaría durante este periodo. Irlanda se convirtió en un gran productor agrícola y también se especializó en la exportación de lana. Productos irlandeses como estos se exportaban a Inglaterra y a muchas otras localidades lejanas. Los terratenientes anglonormandos se beneficiaron de estas empresas, lo que propició el surgimiento de robustos castillos de piedra que salpicaban el paisaje.

Sin embargo, los irlandeses se inquietaron. A finales del reinado de Eduardo I, en 1307, los irlandeses habían empezado a protestar contra la autoridad inglesa (anglonormanda). Eduardo II, que reinó hasta 1327, lidió con un público irlandés cada vez más agitado.

¿Por qué estaban tan disgustados los irlandeses? Bueno, a estas alturas de la historia irlandesa, aproximadamente la mitad de todos los barones anglo-normandos eran terratenientes ausentes, lo que significa que pasaban la mayor parte de su tiempo en Inglaterra, Normandía o cualquier otro lugar en vez de en Irlanda. Puede imaginarse la frustración de los irlandeses nativos. Estaban siendo gobernados por personas a las que consideraban usurpadores extranjeros, y estos usurpadores ni siquiera permanecían en el país. La nobleza terrateniente irlandesa era quizá la que más odiaba esta situación, ya que eran ellos los que sufrían las ramificaciones de lo que este absentismo hacía a la tierra. Los irlandeses que consiguieron aferrarse a sus tierras se enfrentaron al espectro de muy malos vecinos en la forma de estos laxos terratenientes anglonormandos.

Los ingleses también empezaron a imponer restricciones a los anglonormandos que decidieron quedarse en Irlanda y se hicieron «nativos», lo que significa que adoptaron costumbres irlandesas, se casaron con familias irlandesas y, esencialmente, se convirtieron ellos mismos en irlandeses en el proceso. Inglaterra no quería esto. Su objetivo era anglizar Irlanda y disminuir la cultura irlandesa. Estos actos equivalían esencialmente a un genocidio cultural (la erradicación de toda una cultura), y sus acciones podrían resultarnos un poco difíciles de comprender en la actualidad. La preocupación por esta confraternización y la temida influencia de la cultura irlandesa sobre la inglesa condujeron a los infames Estatutos de Kilkenny en 1366.

En realidad, los estatutos fueron instituidos por el hijo del rey Eduardo III, Lionel. El príncipe marchó a Irlanda con un ejército, pero no tuvo demasiada suerte con el poderío marcial de la época. En su lugar, decidió conseguir lo que no había logrado en la conquista descarada con una legislación burocrática.

Convocó una conferencia en la ciudad de Kilkenny y estableció unos estatutos para imponer las costumbres inglesas a los angloirlandeses. Hoy en día, probablemente consideraríamos que estos estatutos eran descaradamente discriminatorios contra los irlandeses. Los estatutos establecían que los ingleses no solo debían abstenerse de casarse con los irlandeses, sino que básicamente debían reducir al mínimo toda relación con los autóctonos.

Estaba prohibido hablar la lengua irlandesa y la gente no podía seguir ninguna norma o costumbre local. Antes de esto, la estrecha proximidad de los angloirlandeses entre los irlandeses nativos había creado una sensación de familiaridad; estos estatutos pretendían sembrar la alienación y avivar las llamas de la animosidad entre ellos.

Teniendo en cuenta los esfuerzos anteriores para racionalizar mejor Irlanda en Gran Bretaña, estos estatutos parecen terriblemente contraproducentes. Los estatutos de Lionel fueron ignorados en su mayor parte, tanto como lo había sido su ejército. No fue hasta una década más tarde cuando el rey Ricardo II pudo reunir un cuerpo de tropas lo suficientemente formidable como para convertir realmente los estatutos en la ley del país.

Ricardo II fue depuesto en 1399, pero los estatutos siguieron surtiendo efecto. En 1450, la única porción real de Irlanda sobre la que el rey de Inglaterra tenía un control real era el llamado «English Pale», que consistía en Dublín y unas veinte millas de tierras circundantes. El control inglés sobre el resto de Irlanda seguía siendo, en el mejor de los casos, una aspiración.

Capítulo 5: Los Tudor y las plantaciones

«*¡Veo que envié lobos y no pastores para gobernar Irlanda, pues no me han dejado más que cenizas y cadáveres para reinar!*».
—Reina Isabel I

De todas las fuerzas exteriores que amenazaban con dominar Irlanda, la más formidable resultaría ser la dinastía Tudor de Inglaterra. La dinastía Tudor, iniciada por Enrique VII en 1485, daría comienzo a un renovado interés por parte de los ingleses en doblegar a Irlanda. En total, los Tudor librarían una sucesión de cuatro guerras sin cuartel para llevar a Irlanda por completo a su esfera de influencia. Pero antes de adentrarnos en todo ello, convendría comprender un poco los antecedentes de la propia dinastía Tudor.

Todo comenzó en 1483, cuando el rey de Inglaterra Eduardo IV pereció. Ricardo de Gloucester se hizo momentáneamente con el poder tras deponer al hijo de doce años de Eduardo, que también se llamaba Eduardo. Ricardo fue desafiado en 1485 por un rico noble llamado Enrique Tudor. Enrique fue capaz de reunir un ejército y poner fin al reinado de Ricardo, asegurándose el trono para sí mismo. Enrique Tudor pasó entonces a ser conocido como Enrique VII.

El rey Enrique VII no tuvo mucho impacto en Irlanda, pero su sucesor, el rey Enrique VIII, sin duda lo tendría. El rey Enrique VIII intentó aplicar plenamente y ampliar en gran medida los mencionados Estatutos de Kilkenny.

Entonces, ¿quién era exactamente este prepotente Enrique VIII? Para entender sus políticas, debemos entender al hombre. Enrique VIII fue coronado el 24 de junio de 1509. Su antecesor, aunque era un administrador capaz en muchos aspectos en lo que se refería a la política interior, no era el más encantador y rara vez se relacionaba con el público. Sin embargo, su flamante sucesor, Enrique VIII, era diferente. Estaba decidido a hacer un gran espectáculo desde el principio.

El mismo día de su coronación, se aseguró de crear un despliegue extravagante que captara la imaginación del público. También castigó a los más duros represores de su padre —Richard Empson y Edmund Dudley— para total deleite de los súbditos británicos de todo el mundo.

Sin embargo, no todo iba bien en el hogar de Enrique VIII debido a que su esposa Catalina parecía totalmente incapaz de engendrar un hijo. Tener un heredero varón se consideraba vital para el trono británico en aquellos días, así que este no era un asunto menor. Enrique VIII agonizó por este problema hasta que finalmente decidió que tendría que apartar a su esposa y encontrar una nueva que fuera capaz de producir hijos varones.

Pero, ¿cómo despedir a Catalina y mantenerse dentro de los límites de la doctrina católica? Ese era el objetivo número uno de Enrique.

Pensó en ello durante algún tiempo y pareció encontrar una solución única. Sus ojos divisaron el versículo bíblico Levítico 20:21, que dice: «Si un hombre toma la mujer de su hermano, es una impunidad: ha descubierto la desnudez de su hermano: no tendrán hijos». Para Enrique VIII, este versículo parecía darle una razón para repudiar a su esposa y una explicación del estado en que se encontraban.

Catalina había estado casada con el hermano mayor de Enrique, Arturo, pero este pereció poco después de que se casaran. Enrique decidió entonces casarse con la viuda Catalina. Sin embargo, Enrique empezó a pensar que el matrimonio estaba maldito porque Catalina era incapaz de darle un hijo. Catalina sí dio a luz a una hija, María, pero que una mujer ocupara el trono de Inglaterra era algo inaudito en aquella época.

Enrique creía que estaba dentro de los límites de las escrituras para apartar a Catalina y que era lo solo correcto. Indicando que su matrimonio era un error, buscó una anulación para corregir el error percibido. Solicitó al papa Clemente VIII que lo complaciera, pero el papa no estaba dispuesto.

Sin embargo, esto tiene sentido. El papa estaba dividido entre su deseo de complacer al rey de Inglaterra, que había sido un aliado leal, y al emperador del Sacro Imperio Romano Germánico, Carlos V, que casualmente también era sobrino de Catalina de Aragón. El papa no deseaba enemistarse con ninguno de los dos, por lo que fue aplazando la toma de una decisión. Al final, Enrique perdió la paciencia con la Iglesia católica y buscó una anulación unilateral antes de romper con la iglesia por completo.

Enrique promulgó el Acta de Supremacía en 1534, que lo convirtió en el jefe de la Iglesia de Inglaterra. El monarca inglés reinaría ahora sobre el Estado y también sobre la religión del Estado.

Enrique llegaría a casarse con Ana Bolena, pero después de que esta fuera incapaz de engendrar un hijo, la mandó ejecutar en 1536. A continuación se casó con Jane Seymour. Ella produciría un heredero varón, el futuro rey Eduardo VI, pero pereció en 1537, lo que llevó a Enrique a casarse con Ana de Cleves.

Enrique era un personaje obstinado en lo que respecta a las esposas en este momento de su vida. Al primer signo de frustración, hizo anular su último matrimonio con Ana de Cleves (¡al menos ella pudo vivir cómodamente y no enfrentarse al verdugo!). Enrique se casó con Catalina Howard, que perdió la cabeza en 1542. A ese matrimonio le siguió el de Catalina Parr, su última y definitiva esposa, que permanecería con Enrique hasta su muerte en 1547.

Ahora que hemos cubierto la infame historia de Enrique VIII, junto con sus muchas y desafortunadas esposas, podemos rebobinar un poco la narración para ver cómo se relacionó este notorio rey con la historia de Irlanda. Las apuestas en Irlanda se elevaron significativamente pocos años después de que Enrique subiera al trono. En 1513, se produjo un trascendental cambio de asiento cuando Gearóid Óg, también conocido como Gerald FitzGerald, se convirtió en el noveno conde de Kildare.

Es probable que muchos no estén familiarizados con Gearóid Óg o Kildare, pero él y la región que gobernó son inmensamente importantes. Kildare era una región que limitaba con el enclave angloirlandés de Dublín, cada vez más reducido, conocido como el Pale. Considerada una frontera estratégica, estaba gobernada por condes de tipo caudillo que actuaban como reyes de facto de Irlanda. Al rey Enrique no le gustaba cómo le iba a Gearóid y, en 1519, le ordenó que se presentara en Londres.

Después de que Gearóid Óg informara al monarca inglés, el rey Enrique no quedó demasiado impresionado. Al año siguiente, en mayo de 1520, consiguió que Gearóid Óg fuera destituido en favor de Thomas Howard como lord diputado. Howard, que era tío tanto de Ana Bolena como de Catalina Howard, comenzó inmediatamente a probar suerte aplastando el poder marcial de los rebeldes en Leinster, Ulster y las Midlands.

Se enfrentó a la poderosa familia O'Neill. Thomas Howard no duró mucho y pronto fue llamado a participar en conflictos contra los franceses. Entre 1522 y 1529 se produjeron varias destituciones y retiradas, y ningún diputado designado duró más de un par de años.

Después de que Enrique rompiera con la Iglesia católica, se desató el infierno. Cuando Enrique promulgó el Acta de Supremacía en 1534, el conde de Kildare, Thomas FitzGerald, conocido como «Silken Thomas» por su afición a la seda fina, se levantó contra Enrique, denunciándolo rotundamente como hereje. Los irlandeses eran católicos acérrimos y, como tal, Silken Thomas era visto como una especie de líder católico populista por el pueblo irlandés. No solo eso, sino que también se posicionó como una herramienta potencial tanto para el papa como para el emperador del Sacro Imperio Romano Germánico.

Que surgiera una espina tan terrible en su costado era una molestia intolerable para el rey Enrique VIII, e inmediatamente tomó medidas. El rey Enrique VIII envió unos 2.300 soldados a Irlanda, dirigidos por sir William Skeffington. Enrique encargó a los hombres la pacificación de Kildare.

Este grupo de tropas asedió el formidable castillo de Maynooth en marzo de 1535. El castillo cayó y el 25 de marzo, las tropas inglesas descargaron su ira sobre veinticinco prisioneros de guerra, a los que cortaron la cabeza ante los muros derribados de la fortaleza. Thomas FitzGerald fue ejecutado, junto con muchos de sus parientes. Este fue el fin del poder de Kildare, y el condado fue oficialmente desmantelado en 1537.

Puesto que el gobierno de facto de Kildare ya no existía, esto significaba que el rey Enrique VIII tendría que asumir un papel más directo en Irlanda a partir de ese momento. Así pues, instaló a un gobernador completamente inglés, que fue respaldado por una formidable guarnición de tropas inglesas. El dominio de Enrique se hizo oficial en 1541 cuando fue proclamado «Señor de Irlanda».

Los anteriores poderosos irlandeses fueron obligados a mostrar su lealtad a Enrique. Aquellos que eran leales a la Corona inglesa fueron nombrados señores feudales y se les concedió la distinción de ser nombrados condes de sus dominios. Por supuesto, no todos estuvieron de acuerdo con esto. Algunos decidieron desafiar las ambiciones del rey inglés. Estos disidentes —al menos a los ojos del rey Enrique— no eran más que pícaros y rebeldes.

Uno de los más destacados entre ellos era un cacique irlandés llamado Dubhdara O'Malley. Este poseía una gran flota de barcos, de la que hacía buen uso navegando rápidamente de un lugar a otro. Se sabía incluso que la flota de O'Malley navegaba hasta la España católica simpatizante. Para los irlandeses, O'Malley era un luchador por la libertad, pero para los ingleses, era un pirata.

Sin embargo, fue su hija Grace quien pasaría a la infamia por sus asombrosos asaltos a propiedades inglesas. Eran tan asombrosas que sería apodada para siempre «Grace O'Malley, la reina pirata». Grace comenzó su carrera muy pronto, supuestamente colándose en uno de los barcos de su padre y haciéndose pasar por grumete. Grace creció, se casó con un prominente irlandés llamado Donal O'Flaherty y formó una familia antes de alcanzar la fama y convertirse en una gran molestia para Inglaterra.

Ella y su tripulación asaltaban sobre todo barcos mercantes. Al abordar la embarcación, Grace y sus seguidores solían exigir el porcentaje del valor de las mercancías que transportaba la nave mercante. Si los mercaderes asediados no podían pagar, estos piratas simplemente se apoderaban ellos mismos de las mercancías. Puede sonar terrible que los irlandeses recurrieran alguna vez a la piratería, pero no podemos olvidar que la piratería era una práctica establecida desde hacía mucho tiempo en Irlanda. Además, el rey Enrique VIII decidió por primera vez elegir un bando, por lo que no es tan sorprendente que algunos de los irlandeses se «volvieran renegados» y utilizaran tácticas turbias, como la piratería, en un intento de contraatacar.

El rey Enrique VIII perecería en 1547 después de que gran parte de este daño a Irlanda ya estuviera hecho. ¿Y de qué daño estamos hablando? Bueno, además de usurpar títulos ancestrales a los irlandeses locales, Enrique esencialmente sembró la enemistad entre las familias locales que se inclinaron ante la Corona y las que se negaron. También instituyó muchas de las condiciones que provocarían disturbios e incluso rotundas hambrunas en el futuro.

Los sucesores inmediatos de Enrique iniciarían el proceso de colonización de Irlanda mediante una serie de plantaciones. Enrique fue sucedido inicialmente por su hijo, Eduardo VI. Solo viviría quince años, y el mayor impacto que tuvo durante su corto mandato fue la implantación del *Libro de Oración Común* en Irlanda. Fue el primer libro impreso en Irlanda que estaba en inglés. Esto se hizo, por supuesto, bajo la fuerte influencia de los manipuladores protestantes de Eduardo, que deseaban convertir a los católicos irlandeses a su forma de pensar.

Demostrando lo fácilmente que podían cambiar los vientos del destino, el niño rey amigo de los protestantes perecería (al igual que todos los sueños de Enrique de tener un heredero varón longevo), y la hija de Enrique, María —una católica acérrima— se convirtió en reina. Se la llegaría a conocer como «María la Sangrienta» por su carácter vengativo y su sangrienta revocación de muchas políticas protestantes, lo que llevó a la ejecución de cientos de personas por motivos religiosos. Pero a pesar de su inclinación por el catolicismo, María no tuvo paciencia con una Irlanda rebelde. Intentó pacificar a los irlandeses, instalando plantaciones en los condados de Laois y Offaly, en Irlanda, en la década de 1550. Se suponía que estas plantaciones debían servir de «ejemplo inglés», que favorecía la agricultura pastoril por encima de cualquier otra cosa.

Sin embargo, el reinado de la dura reina María fue tan breve como el de su desafortunado predecesor. María falleció en 1558, abriendo la puerta a la reina Isabel para ocupar el trono.

La reina Isabel continuó la tendencia de colonización de Irlanda mediante plantaciones. La reina Isabel también retomó las políticas favorables a los protestantes de Eduardo, lo que supuso una gran ayuda para la minoría protestante de Irlanda en aquella época.

Pero la reina Isabel se enfrentaría a una larga racha de disturbios, que tuvieron su origen en la elección en 1559 de Shane O'Neill como conde de Tyrone. Shane era hijo del anterior conde, Conn Bacagh O'Neill. Según la costumbre gaélica, Shane era el heredero legítimo. Sin embargo, el gobierno inglés en Irlanda, encabezado por Thomas Radclyffe, conde de Sussex, no reconoció esta pretensión y en su lugar favoreció a su primo, Brian. Los irlandeses reconocieron a Shane y este pronto puso a todos sus rivales bajo su control. Lo hizo mediante la diplomacia cuando pudo, pero utilizó la fuerza cuando fue necesario.

El gobierno de Thomas Radclyffe en Sussex no se tomó muy bien todo esto y consideró a Shane como una amenaza ominosa para los intereses ingleses en la región. Siguieron los combates y, en 1562, Shane O'Neill se vio obligado a acudir a Londres para dar cuenta de sus acciones. Se dice que suplicó clemencia a la reina y juró que, a partir de ese momento, sería su leal servidor.

Parece que la reina Isabel sí le ofreció clemencia, ya que accedió a reconocer a Shane como conde de Tyrone. En 1564, sin embargo, estos planes se habían vuelto a romper y Shane comenzó de nuevo a lanzar rebeliones contra los ingleses. Invadió Pale y arrasó Armagh en 1566. También se adentró en el Ulster, donde asaltó con saña a los escoceses McDonnell, que tenían allí su bastión. Durante este periodo, el Ulster fue un hervidero de actividad de plantación.

Shane fue doblegado en 1567, cuando fue derrotado por las fuerzas de Hugh O'Donnell. Pero aunque su rebelión fue aplastada, el propio O'Neill logró escapar.

Después de intentar negociar con los escoceses, encontró su fin. Los escoceses estaban colaborando activamente con los ingleses en ese momento y decidieron que sería mejor para sus intereses hacer matar a Shane. Fue ejecutado sumariamente, y su cabeza decapitada fue enviada rápidamente al lord adjunto de la reina, sir Henry Sidney. Al recibir la cabeza, la reina supo que la amenaza de Shane O'Neill, el antiguo conde de Tyrone, había llegado por fin a su fin.

Sin embargo, poco después de que se sofocara esta revuelta contra la usurpación inglesa, estalló otra conflagración en forma de la llamada «Revuelta de Geraldine». Esta revuelta también se conoce como las Rebeliones Desmond. Este tumulto se centra en torno a la familia FitzGerald (también conocida como los Geraldine), que controlaba Desmond, y su lucha con Inglaterra. Esta revuelta estalló en 1569 y duraría hasta 1583.

Esta revuelta tuvo dos fuerzas motrices. En primer lugar, fue provocada por meros celos entre los Geraldine y el muy influyente conde de Ormond, Thomas Butler. También se debió a la hostilidad que había surgido respecto a las relaciones de una Inglaterra ahora mayoritariamente protestante y una España fuertemente católica.

El rey Felipe II era el rey de España en aquel momento y llevaba mucho tiempo deseando que Inglaterra volviera al redil católico. La reina Isabel se había convertido en una especie de defensora de los protestantes. Inglaterra defendería —o al menos prestaría apoyo— a los territorios protestantes con los que España estaba en guerra, como los Países Bajos. Los católicos irlandeses deseaban unirse a España como medio para contrarrestar a sus oponentes ingleses.

Estas dos fuerzas motrices conducirían a una resistencia aún más enérgica contra el plan de plantación inglés en Irlanda. Al frente de la revuelta estaba James FitzMaurice FitzGerald, que era primo del decimoquinto conde de Desmond. FitzMaurice trató de ganarse el apoyo internacional para oponerse a los ingleses.

No tuvo mucho éxito, ya que no consiguió el apoyo militar de los franceses ni de los españoles, pero sí el del papa Pío V, que llegó incluso a excomulgar a la reina Isabel. Dado que Enrique VIII había separado a Inglaterra de los dictados de Roma, tales cosas tenían muy poco significado. Para los protestantes de Inglaterra —muchos de los cuales veían al papa como un tirano insufrible— la excomunión podía llevarse como una insignia de honor más que como un signo de deshonra.

En julio de 1579, FitzMaurice tomó un ejército y lo envió a aplastar a las fuerzas inglesas. Sin embargo, FitzMaurice, a pesar de toda su valentía y determinación, perecería antes de llegar a su destino.

¿Fue asesinado por las fuerzas leales a la reina Isabel? No exactamente. FitzMaurice fue asesinado en lo que parece ser una refriega sin relación alguna con uno de sus primos, Theobald Burke, y sus secuaces.

Aunque esta emboscada fue inesperada, los relatos de la última resistencia de FitzMaurice son bastante fascinantes. Se dice que recibió un disparo en el pecho y que la herida resultó mortal. Pero justo antes de sucumbir a sus heridas, el enfurecido FitzMaurice utilizó su espada para atravesar a los hombres de Theobald hasta llegar a su propio primo, Theobald.

En su furia, FitzMaurice consiguió matar a Theobald en el acto, atravesándolo con su espada. Este sería el último acto del poderoso FitzMaurice, ya que poco después se desplomó y murió a causa de sus heridas. FitzMaurice destaca como uno de los grandes de la resistencia irlandesa a la opresión exterior, aunque, irónicamente, pereció víctima de las luchas internas irlandesas.

En cualquier caso, la revuelta se agotaría unos años más tarde, llegando a su fin en 1583.

Una temible ex rebelde que se había cansado bastante de todos los combates a estas alturas era la ya mencionada «reina pirata», Grace O'Malley. Para entonces, O'Malley estaba ya en sus últimos años y era viuda. Estaba preocupada por el futuro de la siguiente generación. Sus temores e inseguridad la llevaron a derrumbarse y escribir una carta directamente a la propia reina Isabel.

La carta fue escrita en algún momento de 1593 y daría lugar a uno de los momentos más épicos de la historia inglesa e irlandesa. De hecho, Grace O'Malley y la reina Isabel se reunieron en persona para discutir los últimos disturbios en Irlanda. Grace y la reina Isabel mantuvieron varias conversaciones sentadas entre junio y septiembre de 1593. Gran parte de lo que discutieron pertenece al ámbito del folclore, pero algunos creen que Isabel intentó ofrecer a Grace un título, que esta rechazó.

Más combates estallarían en 1594, cuando un convoy de suministros inglés fue asaltado por rebeldes irlandeses. Unos 56 soldados ingleses murieron en el ataque. Esto marcó el inicio de la guerra de los Nueve Años.

Al frente de la lucha contra los ingleses durante este conflicto estaba un poderoso conde de Tyrone llamado Hugh O'Neill. Y sí, estaba emparentado con el anterior rebelde Shane O'Neill. Sin embargo, Hugh llevó una vida muy diferente a la de su desafortunado pariente. De hecho, Hugh pasó gran parte de sus primeros años en Inglaterra, mientras que se dice que Shane nunca habló una palabra de inglés en su vida. Hugh también era protestante, mientras que Shane O'Neill había sido católico hasta la médula.

Hugh, que era considerado amigo de la reina Isabel, fue considerado inicialmente un valioso peón para ser utilizado en los asuntos irlandeses. Cuando regresó a Irlanda para reivindicar sus ancestros, se lo estaba preparando para ser un agente de los ingleses. Sin embargo, en 1598, decidió unirse a la rebelión en curso. Ese año, derrotó contundentemente a un ejército inglés en la batalla de Yellow Ford, cerca de Armagh.

La reina Isabel se inquietó mucho al enterarse de estas noticias y despachó inmediatamente al conde de Essex para ver qué pasaba. Este desaventurado conde perdió literalmente la cabeza y fue sucedido por lord Charles Blount, VIII barón de Mountjoy, quien fue designado para enfrentarse a los irlandeses.

Charles Blount pasó a la infamia por su enfoque de no tomar prisioneros y sus tácticas de tierra quemada. En su lucha contra los rebeldes irlandeses, no solo mató a personas, incluidos hombres, mujeres y niños, sino también a su ganado. Descuartizó el ganado en los campos y luego se aseguró de quemar todos los cultivos que crecían en las granjas irlandesas. Acciones como estas conducirían a una hambruna «provocada por el hombre». Incontables personas perecerían, y la devastación desatada a principios del siglo XVII sentaría las bases para futuros estragos.

Curiosamente, el episodio más chocante en lo que se refiere a la campaña de tierra quemada de Mountjoy provino de su propio secretario personal, Fynes Moryson, quien recordó una terrible escena en los alrededores de la ciudad irlandesa de Newry. Según Moryson, se vio a unos niños asando y comiendo la carne de su madre muerta. Moryson afirma que cuando se les preguntó a estos niños por qué hacían algo tan terrible, respondieron que no podían conseguir otra carne. Cuando se les preguntó qué había pasado con su ganado, los niños informaron con naturalidad: «Los ingleses se lo habían llevado».

Es fácil suponer que este relato es falso o muy exagerado, pero dado que procede del propio secretario de Mountjoy, hay que preguntarse para qué serviría un cuento tan absurdo. ¿Animó Mountjoy a su secretario a producir estos cuentos porque le daban buena imagen? ¿Promovió estas historias porque quería escandalizar a los irlandeses? ¿Estaba orgulloso de haber matado de hambre a los irlandeses hasta el canibalismo? ¿O era el relato —tan impactante como es— verídico? Los historiadores pueden estar divididos sobre este punto en particular, pero las hambrunas tan documentadas que azotaron la tierra no están abiertas al debate.

La reina Isabel murió en marzo de 1603, con gran parte del sistema de plantaciones aún muy alterado. Pocos días después de su fallecimiento, la guerra de los Nueve Años llegó a su fin con la firma del Tratado de Mellifont, que otorgaba algunas concesiones religiosas a los católicos y reconocía los títulos y tierras de Hugh O'Neill y su familia a cambio de que este y sus seguidores respetaran y aceptaran la autoridad inglesa. Curiosamente, la reina pirata, Grace O'Malley, pereció ese mismo año.

La secuela más inmediata de la guerra de los Nueve Años fue que muchas figuras destacadas de los anteriores bastiones rebeldes, como Munster y Ulster, desaparecieron en combate. Por ejemplo, el 4 de septiembre de 1607, Hugh O'Neill, conde de Tyrone, así como Rory O'Donnell, conde de Tyrconnell, hermano menor de Hugh O'Donnell, se subieron a un carguero francés y abandonaron todas sus posesiones.

Aparentemente, poco dispuestos a soportar la creciente presión sobre sus dominios y quizás con la esperanza de buscar apoyo en el extranjero, huyeron a la Europa continental. Este acontecimiento se conoció como «la huida de los condes» y, más que ninguna otra cosa, marcó el comienzo de una carrera masiva de los ingleses por reclamar las tierras irlandesas desocupadas. Los ingleses no tardaron en reclamar las diversas propiedades irlandesas que estaban en juego una vez que la élite irlandesa se hubo marchado.

Aunque ambos hombres —O'Neill y O'Donnell— acabarían pereciendo como exiliados en Roma, sus antiguas tierras, así como otras propiedades confiscadas, serían el hogar de flamantes plantaciones. Grandes extensiones del norte y el sur de Irlanda estaban abiertas a los colonos ingleses dispuestos a reclamarlas.

En 1610, se promulgaron nuevas normas que mostraban el verdadero objetivo de Inglaterra: que los residentes ingleses superaran a los irlandeses locales. El rey Jacobo I y su corte elaboraron nuevos protocolos sobre cómo manejar estas plantaciones. Las nuevas reglas se llamaron Condiciones de la Plantación del Ulster.

Aunque la redacción de estas nuevas normas mencionaba solo el Ulster, las nuevas leyes también se aplicaban a Donegal, Tyrone, Derry, Armagh, Fermanagh y Cavan. Gran parte de las nuevas medidas consistieron en un esfuerzo concertado para que la implantación de los «valores culturales» ingleses entre los irlandeses nativos que quedaban fuera una práctica rutinaria. Esto fue quizá más evidente en Derry, donde el empuje inglés fue tan pronunciado que de hecho se cambió el nombre por el de «Londonderry», ya que los londinenses estaban muy implicados en su transformación. Este tipo de cosas resultan casi insultantes para los residentes de Derry hoy en día, que probablemente se estremecen cada vez que oyen la versión anglizada del nombre de su ciudad. Pero como bien describió el escritor e historiador John Gibney, estas empresas fueron un caso de «ingeniería social a gran escala»[i].

El rey Jacobo se apoderó de tierras de primera calidad en los condados del Ulster de Tyrone, Fermanagh, Donegal, Coleraine, Cavan y Armagh. Estas tierras fueron vendidas a bajo precio a colonos británicos dispuestos a trasladarse. Al principio, muchos de estos nuevos terratenientes intentaron reclutar a compatriotas protestantes para trabajar en sus fincas, pero pronto se dieron cuenta de que sería más barato y práctico contratar simplemente a los católicos locales que ya estaban allí.

Sin embargo, no todo fue malo para los irlandeses, es decir, para los irlandeses pobres, que no tenían mucho que perder en primer lugar. Después de 1603 se lograron algunos avances económicos de los que se beneficiaron las clases más pobres de irlandeses. Desde la firma del Tratado de Mellifont hasta mediados del siglo XVII, se lograron grandes avances en la producción textil y la construcción naval. Todas estas empresas supusieron nuevos empleos adicionales para los irlandeses de clase baja. La construcción naval, por desgracia, acabó teniendo consecuencias negativas, ya que provocó la rápida deforestación de grandes zonas de Irlanda, lo que condujo a la escasez de madera durante toda la década de 1630.

La década de 1630 es un importante marcador de progreso en lo que respecta a las plantaciones inglesas en Irlanda. Según el escritor, historiador y gurú irlandés John Gibney, en esta década «la nueva presencia británica en Irlanda estaba firmemente asentada»[ii]. El polémico entramado que perseguiría durante mucho tiempo a la región había tomado verdadera forma. Los ricos terratenientes protestantes se enseñoreaban literalmente de los pobres católicos, creando un hervidero de descontento.

Es cierto que los pobres irlandeses tenían trabajo, laborando para estos acaudalados trasplantes, pero su propia cultura estaba siendo oprimida a cada paso. Sí, podría decirse que, a estas alturas, Irlanda ya había cambiado total e irrevocablemente. Poco se sabía, sin embargo, que lo peor estaba aún por llegar.

---

[i] Gibney, John. *A Short History of Ireland: 1500-2000.* 2017.

[ii] Gibney, John. *A Short History of Ireland: 1500-2000.* 2017.

Capítulo 6: La gran hambruna y sus consecuencias

«*¿Por qué debe tratarse a Irlanda como un fragmento geográfico de Inglaterra? Irlanda no es un fragmento geográfico, sino una nación*».
—Charles Stewart Parnell

La vida en Irlanda nunca había sido fácil, pero en la década de 1630 las condiciones habían empeorado considerablemente. Esta grave situación provocaría migraciones masivas. Algunos irlandeses probarían suerte en la Europa continental, pero otros encontrarían una nueva válvula de escape a través de un continente al otro lado del Atlántico llamado Norteamérica.

La migración irlandesa a Norteamérica puede rastrearse en varias oleadas, desde la década de 1630 hasta las grandes migraciones de la década de 1840. La presencia irlandesa estaba muy establecida en Norteamérica en la época de la Revolución estadounidense de 1775, y quizá nadie apoyó más que los irlandeses el establecimiento de unos Estados Unidos libres e independientes. Esto tiene sentido. ¿Por qué no iban a estar los irlandeses ansiosos por apoyar la independencia de una tierra que les proporcionaría un refugio seguro y totalmente libre de las intromisiones de la Corona británica?

Los irlandeses eran alrededor de medio millón en la época de la guerra de Independencia estadounidense y un enorme porcentaje de ellos luchó para liberar a los nacientes Estados Unidos de las garras de Gran Bretaña. Después de que la guerra revolucionaria estadounidense llegara a su fin, los británicos eran conscientes de que tenían un problema cada vez mayor con los irlandeses, tanto en el extranjero como en casa.

En un intento de aplacar a los cada vez más angustiados irlandeses, así como de consolidar la autoridad británica, se promovieron las Actas de Unión en 1800. Esta acta estableció lo que se llamaría el Reino Unido de Gran Bretaña.

Para quienes no lo sepan, el término «Gran Bretaña» se refiere a la gran isla de Gran Bretaña, que incluye Escocia, Gales e Inglaterra. Irlanda se agrupó con estas tres naciones para crear lo que se denominó «Reino Unido». Hoy en día, el Reino Unido sigue existiendo, pero solo conserva la parte más septentrional de Irlanda, conocida, acertadamente, como Irlanda del Norte. Sin embargo, en el año 1800, las Actas de Unión incluían a toda Irlanda.

Las Actas de Unión fueron una bofetada en toda regla para muchos irlandeses, ya que disolvió el Parlamento de Irlanda, que había tenido su sede en Dublín, en favor de que los representantes irlandeses se dirigieran en su lugar a Westminster, Inglaterra. Otros señalaron que no tener sus propias instituciones separadas era un paso hacia una mayor igualdad.

También se argumentó que los protestantes irlandeses se beneficiarían porque en lugar de ser una minoría en lo que todavía era una Irlanda mayoritariamente católica, podrían formar parte de la mayoría de este nuevo Reino Unido. Serían una supermayoría de protestantes, por así decirlo, ya que se los agruparía con todos los demás protestantes de Inglaterra y otras partes del reino. Sin embargo, muchos protestantes irlandeses sintieron un gran resentimiento al habérseles endilgado este nuevo acuerdo.

Solo cabe imaginar cuán privados de derechos que debieron sentirse los católicos irlandeses. La noción de que su patria estaba incluida en una unión política de la que ellos mismos estaban mayoritariamente excluidos no podía producir ciertamente ninguna admiración por la Corona británica. Esta exclusión percibida sembraría las semillas de una mayor violencia.

Ahora, la minoría favorecida de la Irlanda protestante, que, en sí misma, era en gran parte vástagos de la época de las plantaciones, tenía que acudir cada vez más a Londres en busca de apoyo, mientras que los católicos irlandeses excluidos encontraban aún más razones para alejarse.

Los protestantes irlandeses se sentían legítimamente amenazados por la creciente animadversión de sus vecinos católicos menos afortunados. Esta inseguridad condujo a la formación de la Orden de Orange, una organización fraternal de la que se decía que seguía vagamente el modelo de los masones. La Orden de Orange se centraba en la hermandad de los protestantes, en lo que el historiador irlandés Paul F. State describe como «una alianza sectaria que propugnaba una defensa feroz de la unión»[i]. En la década de 1820, la Orden de Orange y su fanática lealtad a la Union Jack habían alcanzado su apogeo.

Mientras que la minoría irlandesa protestante y terrateniente se unió en torno a la bandera (al menos en su mayor parte), la mayoría católica, que comprendía alrededor del 80% de la población de Irlanda en aquella época, creó sus propias asociaciones clandestinas. Los miembros de estos grupos eran conocidos como «Ribbonmen», y sus organizaciones tenían nombres como Hijos del Trébol, Sociedad de San Patricio y Asociación Patriótica del Trébol. Estos grupos se enemistaron abiertamente con la Orden de Orange y a menudo hablaron de su deseo de derramar «sangre naranja».

A pesar de las audaces amenazas, los católicos irlandeses siguieron privados de sus derechos. Sin embargo, hubo una organización política de cierto éxito iniciada por un abogado católico irlandés llamado Daniel O'Connell. Este personaje quería la emancipación católica. Fundó la Asociación Católica en 1823 el fin de ayudarle a cumplir su objetivo.

Retrato de Daniel O'Connell[i]

La Asociación Católica de Daniel O'Connell trató de aprovechar los lazos globales que unían a Irlanda con la sede de la Iglesia católica en Roma, así como de capitalizar las incursiones realizadas en Irlanda a través de los

---

[i] State, F. Paul. *A Brief History of Ireland*. 2009.

enclaves irlandeses que unían el comercio irlandés. O'Connell y su Asociación Católica se enfrentaron a la oposición, pero, más allá de todo pronóstico, consiguió elevarse por encima de la adversidad de una manera formidable. Incluso fue elegido miembro del Parlamento en 1828, en representación del condado de Clare.

Fue un momento decisivo para los católicos irlandeses de todo el mundo, pero aun así, a la mayoría no les iba tan bien. Muchos se habían convertido en peones que se ganaban la vida a duras penas como agricultores arrendatarios. Se les daba un par de acres, una cabaña, tal vez una vaca y un campo para cultivar papas, que se habían convertido en un alimento básico irlandés.

En 1830, la papa se había convertido en la principal fuente de alimentación de muchos irlandeses. La papa sustituyó al pescado e incluso a la leche, que antes habían sido la generosidad de los pescadores y lecheros irlandeses. Al encontrarse los irlandeses relegados a pequeñas parcelas de tierra, cultivaron la papa por conveniencia y necesidad. La papa es un cultivo resistente que puede cultivarse en explotaciones a pequeña escala y es capaz de proporcionar abundantes nutrientes.

El clima irlandés y especialmente su suelo, que se inclina un poco hacia el lado ácido, resultaron ser bastante propicios para el cultivo de este tubérculo, en particular en el siglo XIX. Sin embargo, había dos problemas importantes. Las papas no pueden almacenarse durante periodos prolongados y son susceptibles a las enfermedades. En el verano de 1845 —el fatídico año de la primera hambruna generalizada de papas en Irlanda— parecía que los elementos conspiraban para arruinar las cosechas de papas de ese año.

Teniendo en cuenta el hecho de que muchas víctimas irlandesas de la hambruna de la papa acabaron huyendo a Estados Unidos, resulta un tanto irónico observar que se dice que la causa de la hambruna irlandesa de la papa se originó en Estados Unidos. Se cree que un hongo poco común llegó de Norteamérica y se propagó, afectando a los cultivos de papa en Gran Bretaña, al diezmar rápidamente todas las papas con las que entró en contacto. Las papas afectadas se vieron por primera vez en Inglaterra antes de que el tizón se extendiera a Irlanda.

El hongo convertía las hojas y los tallos en polvo ennegrecido y quebradizo. Los cultivadores de papas de Irlanda intentaron por todos los medios salvar las cosechas eliminando las partes afectadas de la planta, pero pronto aprendieron que si las hojas estaban negras, lo más probable era que las papas ya estuvieran afectadas. Según un relato, aparecido en una publicación periódica de la época llamada *Freeman's Journal*, un agricultor había recogido un día una abundante cosecha de papas perfectas y sanas, solo para encontrarse al día siguiente con el resto convertido en «sucia y olorosa papilla negra».

Thomas Gallagher escribió célebremente sobre la hambruna en su libro *Paddy's Lament*. Describió un olor «sulfuroso, como de cloaca», que era «transportado por el viento desde las plantas podridas de los primeros lugares afectados». Gallagher afirmó además que «los granjeros que se habían ido a la cama imbuidos de la imagen de sus exuberantes huertos de papas se despertaban por este horrible olor y por los perros que aullaban su desaprobación».

Por mucha hambre que tuvieran los irlandeses, no iban a recoger los restos asquerosos, blandos y malolientes de lo que solía ser una papa y comérselos. Gracias a un molesto hongo ahora conocido como *Phytophthora infestans*, su cosecha de papas estaba destruida. Pero, ¿qué debían hacer exactamente? Sin las papas, su principal fuente de alimentación había desaparecido.

El sufrimiento era tanto psicológico como físico. Como declaró un miembro del clero local que hizo la crónica de este sufrimiento: «En muchos lugares, los desgraciados estaban sentados en las vallas de sus decadentes jardines, retorciéndose las manos y lamentando amargamente la destrucción que los había dejado sin alimentos»[i].

Uno solo puede imaginarse lo devastador que debió ser todo esto. Para aquellos que apostaron casi todo por esta cosecha, debió parecerles que el mundo había llegado a su fin. Muchos con una inclinación más supersticiosa probablemente asociaron la hambruna con una especie de Armagedón inminente. Aunque la hambruna de la papa no resultó ser el presagio de un cataclismo mundial, sí que fue un infierno para los irlandeses.

Se dice que las masas hambrientas hicieron lo que pudieron para sobrevivir. Algunos aprendieron a improvisar buscando comida, cazando animales salvajes y pescando. Estos medios de obtención de alimentos estaban plagados de dificultades y peligros para los inexpertos en la práctica. Por ejemplo, las personas que no sabían lo que hacían

---

[i] Neville, Peter. *A Traveller's History of Ireland*. 1992.

podían devorar muy fácilmente plantas venenosas o comer carne enferma en su desesperada lucha por encontrar sustento. Según algunos relatos, incluso se registraron casos de canibalismo en los condados de Cork, Kerry, Mayo y Galway.

Muchas narraciones históricas dan la impresión de que el gobierno británico no hizo nada para intentar ayudar a los hambrientos irlandeses, pero esto no es cierto. Se podría argumentar fácilmente que los funcionarios británicos no hicieron lo suficiente, pero sería inexacto decir que no hicieron nada en absoluto.

El gobierno británico, bajo la administración del primer ministro Robert Peel, se vio sorprendido por la plaga de la papa. Fue sin duda un acontecimiento inesperado y, como tal, la primera orden del día para el gobierno de Peel fue averiguar qué había sucedido. Muchos miembros cínicos y quizá incluso prejuiciosos del gobierno británico se preguntaron al principio sobre la veracidad de todos los males irlandeses de los que oían hablar. Los británicos estaban bastante alejados de lo que ocurría en Irlanda, y también cabe señalar que los británicos dependían de más de un cultivo para su sustento. Así que, para ellos, la idea de que el fracaso de un cultivo —la papa— pudiera causar tal brote de hambruna entre los irlandeses parecía difícil de creer.

Peter Neville, autor de *A Traveller's History of Ireland*, no dudó en señalar que el miembro del gobierno de Peel encargado de la ayuda a los irlandeses víctimas de la hambruna, Charles Edward Trevelyan, había hecho declaraciones prejuiciosas contra los irlandeses que, según Neville, parecían «tener un toque de racismo»[i].

Uno de los peores comentarios de Trevelyan fue cuando declaró que «hay que dejar que Irlanda opere por causas naturales», como si fuera completamente natural que todos los irlandeses murieran de hambre. Trevelyan no veía a los irlandeses como auténticos súbditos británicos necesitados de ayuda, sino más bien como una especie de ciudadanos de segunda clase que merecían su suerte en la vida. Opinaba que la hambruna debía seguir su curso. No habría compasión, por su parte, solo teorizaciones absurdas y un cinismo glacial.

Muchos otros compartían las mismas opiniones que Charles Edward Trevelyan. Simplemente se negaban a creer lo que estaba ocurriendo. Irlanda formaba parte del mayor imperio del mundo. Los de mentalidad

---

[i] Neville, Peter. *A Traveller's History of Ireland*. 1992.

más cínica se preguntaban si los irlandeses estaban exagerando de algún modo su difícil situación. Sin duda existía la tentación de considerar a los irlandeses vagos e ineptos, y que se habían buscado problemas innecesarios y, por extensión, al gobierno británico.

Peel instituyó una comisión para investigar el problema. Sin embargo, esta «investigación científica» se quedó muy corta cuando empezaron a aconsejar a los irlandeses que hicieran cosas ridículas, como hacer agujeros en el suelo cerca de sus cultivos para «airearlos». Airear las papas infestadas de hongos no serviría de nada.

Cuando se vio que los irlandeses no estaban exagerando y que el problema no se iba a solucionar fácilmente, se hicieron esfuerzos para ayudar de alguna manera a los que habían perdido sus cosechas.

Pero a pesar de sus penurias, a Peel no le gustaban las limosnas gratuitas. De hecho, ¡Peel quería que trabajaran! El gobierno de Peel trató de aliviar a los más afectados, internándolos en casas de trabajo sancionadas por el gobierno, donde se hacía trabajar a los irlandeses por su comida en condiciones terribles.

Las casas de trabajo eran horribles, pero para alguien hambriento, probablemente era mejor que nada. Pero a medida que las cosechas seguían fallando y los irlandeses continuaban buscando alivio, estaba claro que simplemente no había suficiente espacio en las casas de trabajo para todos los que necesitaban ayuda.

Temiendo que todo el sistema de socorro se viniera abajo, los administradores británicos compraron excedentes de maíz a Estados Unidos en un esfuerzo por proporcionar algún tipo de sustento a los hambrientos irlandeses. El gobierno también creó una comisión de socorro para racionalizar mejor el reparto de la ayuda.

La mayoría de los irlandeses ni siquiera habían visto nunca el maíz, y mucho menos lo habían comido. El alimento se vendía como harina de maíz, y muchos molinos irlandeses ni siquiera estaban equipados para fabricarla. Había mucha confusión sobre el nuevo cultivo, pero los irlandeses cogían lo que podían para sobrevivir.

Junto con el maíz, se asignó dinero para un fondo de socorro. La reina Victoria fue una generosa donante a este fondo de socorro. Por supuesto, los más cínicos señalarían con razón que ella era la reina. Si la reina de Inglaterra no podía recaudar dinero para los sufridos irlandeses, que eran miembros del Imperio británico, entonces ¿quién podría hacerlo?

Curiosamente, durante este periodo, el famoso abolicionista estadounidense Frederick Douglass realizó una visita a Irlanda. Quedó absolutamente conmocionado por lo que vio. Incluso informó a su compatriota y colega abolicionista William Loyd Garrison, de que el sufrimiento de los irlandeses era increíble.

Muchas organizaciones benéficas internacionales intentaron ayudar a los irlandeses. Uno de los famosos esfuerzos de ayuda provino de la tribu choctaw de Estados Unidos. Enterados de la difícil situación, los choctaw recaudaron dinero y enviaron a los irlandeses más de cinco mil dólares en moneda actual.

Aunque los irlandeses sufrieron mucho, los esfuerzos iniciales realizados por el gobierno británico para evitar la calamidad tuvieron un éxito marginal. Podía parecer que Gran Bretaña había esquivado una bala. Sin embargo, la hambruna aún no había terminado. Y cuando el hongo devastador de la papa regresó en 1846, las cosas se pusieron mucho peor. Esta vez, la destrucción de las explotaciones de papas fue aún más generalizada.

Al parecer, la primera ronda del tizón había dejado esporas en el suelo que, debido a una estación húmeda y lluviosa, quedaron sumergidas en las profundidades de la tierra. Estas esporas desarrollaron una cepa letal del hongo que arrasaría todos los cultivos de papa de Irlanda.

Quizá aún peor para los irlandeses fue el hecho de que el anterior primer ministro, Robert Peel, y sus conservadores habían sido destituidos. Los whigs, liderados por lord John Russell, se habían hecho cargo de la administración.

Russell parecía no entender cómo abordar la creciente crisis y, en su mayoría, intentó un enfoque de no intervención, insistiendo en que las organizaciones locales de Irlanda se encargaran del problema. Esto no fue de ninguna ayuda. El gobierno británico declaró que la hambruna había terminado en 1847, pero los irlandeses sintieron sus efectos hasta bien entrado 1852.

Muchos irlandeses sintieron que no tenían otra opción que abandonar su país o morir de hambre. Comenzó una migración masiva. Justo antes de la hambruna, Irlanda tenía una población de unos ocho millones de habitantes. Se calcula que aproximadamente un millón murieron durante la hambruna. Otro millón abandonó el país, lo que significa que Irlanda perdió una cuarta parte de su población en unos seis años. Irlandeses de todos los rincones del país se dirigieron a Dublín y a otras ciudades portuarias y partieron en los barcos que pudieron encontrar con las pertenencias que pudieron llevar.

Las probabilidades de supervivencia en algunos de estos barcos eran bastante bajas. Los barcos llegaron a ser conocidos como «barcos ataúd». Durante un viaje a Canadá, cientos perecieron.

Sin embargo, los irlandeses siguieron huyendo, con más de dos millones de personas huyendo del país en total. Muchos se dirigieron a Canadá o Estados Unidos. Este número de emigrantes constituía una impresionante cuarta parte de toda la población de Irlanda en aquella época.

La hambruna irlandesa de la papa no solo mató a una fracción considerable de la población irlandesa y provocó una emigración masiva al extranjero, sino que también cristalizó un fuerte sentimiento de nacionalismo renovado entre muchos de los irlandeses. Quienes sobrevivieron a esta agitación se mostraron más curtidos y decididos que nunca a levantarse y defender sus derechos.

Capítulo 7: El Alzamiento de Pascua: El nacimiento del republicanismo

«*No creemos que ganando elecciones y obteniendo cualquier cantidad de votos se consiga la libertad en Irlanda. Al final, será el filo del IRA el que traerá la libertad*».

—*Martin McGuinness*

Tras la increíblemente devastadora hambruna de la papa, los que se quedaron en Irlanda empezaron a plantearse seriamente la independencia. Estaba claro que la administración británica no funcionaba y, para muchos, la hambruna de la papa fue literalmente un momento de vida o muerte. Así que los irlandeses apelaron a la grandeza de sus antepasados e intentaron militarizar su espíritu guerrero para arreglar su difícil situación.

En 1858, el activista político irlandés James Stephens lanzó el movimiento Feniano. Este movimiento político recibió su nombre de los soldados irlandeses del pasado, los *Fianna*. Como dice el historiador Paul F. State: «Una sociedad fraternal secreta, los fenianos (el nombre alude al ejército *Fianna* de la antigua mitología irlandesa), se fundó en Dublín en marzo de 1858 y en Nueva York en abril de 1859, aunque es posible que tuviera comienzos informales una década antes en Irlanda»[i].

Este grupo militante no tardó en pasar a la acción. En 1867, las cosas llegaron a un punto crítico cuando miembros de alto rango del movimiento Feniano fueron ejecutados después de que algunos de sus miembros lanzaran un asalto contra la policía.

Al año siguiente, Gran Bretaña eligió a un primer ministro liberal, William E. Gladstone. El primer ministro Gladstone sería importante en los acontecimientos de la independencia irlandesa. Aunque no se lo podía caracterizar como simpatizante de todas las ambiciones de los irlandeses, era lo suficientemente pragmático como para comprender una situación insostenible cuando la veía. El primer ministro Gladstone realizó algunos de los primeros movimientos significativos para hacer realmente algo con respecto a los irlandeses.

La idea de la autonomía comenzó a discutirse cada vez más. La noción de autonomía no pedía una ruptura completa con el Imperio británico o el Reino Unido; en cambio, las personas que formaban parte del movimiento por la autonomía querían el establecimiento de un parlamento separado en Irlanda para que los irlandeses pudieran tener algo que decir sobre cómo se gobernaban sus asuntos.

Esencialmente, en lugar de que se les dictaran todas las normas desde Londres, Inglaterra, los defensores de la autonomía exigían que las normas se dictaran en Dublín, Irlanda. Todas las resoluciones tendrían que seguir siendo aprobadas por las autoridades superiores del Reino Unido, pero la representación directa de Irlanda sería parte integrante del proceso.

Esto era especialmente importante para la élite terrateniente de Irlanda, ya que eran ellos los que a menudo tuvieron que soportar la pesada carga de ocuparse de las masas pobres y hambrientas durante la hambruna de la papa. A muchos de los terratenientes irlandeses más acomodados se los había colocado en una posición realmente poco envidiable, puesto que se esperaba de ellos que improvisaran esfuerzos caritativos sobre el terreno sin la suficiente ayuda de los políticos de Londres. Tales cosas sirvieron como una indicación flagrante de que Irlanda necesitaba algún sentido de autogobierno para poder manejar algunos de sus problemas por sí misma.

---

[i] State, F. Paul. *A Brief History of Ireland*. 2009.

Lo admitieran o no, había muchos en Londres que no podían evitar estar de acuerdo debido al desastre de mala gestión que se había producido durante la hambruna de la papa. No todos lo admitirían abiertamente en voz alta, por supuesto, por miedo a alienar a sus electores ingleses, pero es probable que de todos modos vieran la escritura en la pared.

Bajo la administración del primer ministro William Gladstone, el Parlamento británico puso en marcha la Ley de la Tierra el 1 de agosto de 1870. Esta pieza legislativa está considerada como el primer esfuerzo del gobierno británico para abordar verdaderamente la difícil situación de los arrendatarios agrícolas en Irlanda.

Buscando deshacer algunas de las restricciones que habían encadenado a los irlandeses a la tierra en la que trabajaban, la Ley de la Tierra les otorgó derechos básicos y también prometió responsabilizar a los propietarios si de repente decidían desalojar a sus inquilinos sin una buena razón.

Ese mismo año, un político irlandés llamado Isaac Butt comenzó a promover la causa de la autonomía y la petición de que Irlanda tuviera su propio parlamento independiente. El grupo de Butt se dio a conocer como la Home Rule League, que consiguió varios escaños en las elecciones generales de 1874.

Estos esfuerzos trataron de lograr mediante la legislación lo que los incontables caudillos irlandeses nunca pudieron hacer por la fuerza: intentaron devolver a la patria irlandesa cierto sentido de autoridad autóctona.

Los irlandeses encontraron un campeón improbable en Charles Stewart Parnell. Aunque Parnell era un protestante irlandés terrateniente, tenía sus razones para luchar por la causa del gobierno autónomo. El Partido Autonomista de Parnell (también conocido como la Liga Autonomista) estaba formado principalmente por los agricultores arrendatarios que tanto habían perdido durante la hambruna de la papa. Parnell y su defensa del gobierno autónomo coincidieron con el ascenso del ya mencionado primer ministro William Gladstone.

Gladstone era un político liberal que adoptó una postura mucho más conciliadora respecto a Irlanda que muchos de sus homólogos de la época. Gladstone hizo varios esfuerzos para impulsar una legislación que permitiera a Irlanda tener una mayor autonomía. Sin embargo, estos esfuerzos, muy impopulares en Inglaterra, siguieron fracasando.

Aun así, los liberales se encontraron en un callejón sin salida. No podían conseguir una mayoría que apoyara el programa del gobierno autónomo, pero tampoco podían permitirse perder la considerable fracción de diputados irlandeses que los apoyaban.

A los conservadores británicos les resultó rentable en las urnas girar en la dirección completamente opuesta, por lo que Gran Bretaña se dividió entre un bando que se oponía vehementemente al autogobierno y otro que intentaba apoyarlo tácitamente.

Las cosas empeoraron aún más cuando se produjeron violentos ataques perpetuados por radicales irlandeses. Uno de los más infames fue el de los asesinatos de Phoenix Park, ocurrido en Dublín el 6 de mayo de 1882. Entre los objetivos de este mortífero ataque se encontraban nada menos que el recién nombrado secretario general de Irlanda, lord Frederick Cavendish, y su subsecretario, Thomas Henry Burke.

Tener un secretario jefe nombrado por Londres era un anatema para los partidarios del gobierno autónomo. Sin embargo, en su mayoría, incluso los más acérrimos defensores del gobierno autónomo recibieron con horror la noticia de esta atrocidad.

No obstante, la marcha hacia el autogobierno continuó. Incluso después de la muerte de Parnell en 1891, muchas de sus ideas siguieron vivas a través de sus partidarios. El político irlandés John Redmond, en particular, trató de llevar adelante el legado de Parnell pidiendo abiertamente no solo el autogobierno, sino una república irlandesa totalmente independiente.

Alrededor de esta época, surgió otra prolífica figura política en el panorama irlandés: Arthur Griffith. Coincidiendo con muchos, Griffith consideraba que las Actas de Unión aprobadas en 1800 eran ilegales Muchos irlandeses creían que, puesto que nadie había consultado a los irlandeses si querían unirse a Gran Bretaña, la ley no debía mantenerse tal y como estaba escrita.

Sin embargo, en lugar de centrar sus esfuerzos en utilizar medidas parlamentarias para disminuir o incluso derogar las Actas de Unión, Griffith insistió en que, puesto que la ley era ilegal e ilegítima, lo mejor sería ignorarla de plano. Instó a los diputados irlandeses a prescindir por completo del Parlamento británico, afirmando, en cambio, que todos los cargos electos irlandeses deberían reunirse en un órgano legislativo local formado únicamente por representantes irlandeses. Allí podrían discutir entre ellos cómo gobernar Irlanda sin que Inglaterra tuviera nada que decir.

El interés de Griffith por crear un órgano legislativo totalmente irlandés que pudiera dejar fuera a los ingleses condujo a la creación de un partido político conocido como Sinn Féin, que en realidad se traduce como «Nosotros mismos». Este partido se creó en 1905.

La naturaleza divisiva de las relaciones entre irlandeses y británicos continuaría cociéndose a fuego lento hasta que realmente llegó a un punto de ebullición cuando estalló la Primera Guerra Mundial. La tensión y la carga adicionales de la Gran Guerra rompieron realmente la espalda del camello en lo que se refería a la cuestión de la autonomía de Irlanda.

En 1914, Irlanda se encontró en una posición interesante. El mundo estaba en guerra, pero la noción de un servicio militar obligatorio no era popular entre el público irlandés. Aun así, en el transcurso del conflicto, unos 200.000 soldados irlandeses servirían en la guerra, y unos 35.000 morirían. Estas tropas irlandesas sirvieron con distinción durante la campaña de Galípoli, en la que las tropas británicas quedaron atrapadas en un atolladero en terreno turco en las primeras fases de la guerra.

De vuelta a Irlanda, se había producido de nuevo un clamoroso llamamiento a favor del gobierno autónomo. El 18 de septiembre de 1914, se estableció una legislación que permitía dar forma a cierta apariencia de gobierno autónomo, pero se decidió que cualquier otra promulgación de la misma se pospondría hasta que hubiera concluido la guerra.

Sin embargo, eso no fue suficiente para muchos activistas irlandeses. En plena guerra, el 24 de abril de 1916 (Lunes de Pascua), un grupo de radicales tomó las instalaciones del gobierno en Dublín y pidió la independencia de Irlanda. Este levantamiento de los nacionalistas irlandeses pasaría a la historia como el Alzamiento de Pascua.

Inglaterra respondió declarando la ley marcial al día siguiente de iniciarse el levantamiento. Durante los días siguientes, decenas de miles de tropas británicas entraron en tropel y trataron de desestabilizar una crisis creciente —y teniendo en cuenta el estado de la Gran Bretaña en tiempos de guerra— muy indeseada. Existía un estado de guerra entre Inglaterra e Irlanda. Las tropas británicas desplegaron artillería y bombardearon los lugares donde se refugiaban los rebeldes irlandeses. Los rebeldes acabaron rindiéndose el 29 de abril, teniendo que hacer frente a un gran número de bajas. Después de unos seis días, la crisis había terminado, con cientos de muertos, miles de heridos y la mayor parte de Dublín destruida.

Es sorprendente lo poco que se menciona esta nota a pie de página de la Primera Guerra Mundial, pero Gran Bretaña tuvo que librar esencialmente una breve guerra en su propio patio trasero mientras sus tropas estaban enzarzadas en las trincheras. Ciertamente, no fue una buena sensación para ninguno de los implicados. Las cosas empeorarían aún más cuando los victoriosos ingleses decidieron que sería una buena idea ejecutar a muchos de los prisioneros.

A pesar de los problemas causados por los militantes irlandeses, este incidente creó mucha simpatía por la difícil situación de los irlandeses. Un miembro irlandés del Parlamento llamado John Dillon, pronunció un famoso discurso el 11 de mayo, condenando la acción. Dillon declaró: «No son asesinos los que están siendo ejecutados; son insurgentes que han librado una lucha limpia, aunque equivocada, y sería algo condenadamente bueno para ustedes si sus soldados fueran capaces de dar tan buena batalla como lo hicieron estos hombres en Dublín»[i].

Las consecuencias inmediatas de la debacle también consiguieron arrojar más luz sobre la organización irlandesa llamada Sinn Féin. Aunque se trataba de un grupo marginal, el Sinn Féin acaparó la atención por apoyar el Alzamiento de Pascua. Tras el levantamiento, casi todos los radicales —fuera cierto o no— fueron englobados en la categoría del Sinn Féin. Curiosamente, Arthur Griffith, el fundador del Partido Sinn Féin, sería detenido inmediatamente después del Alzamiento de Pascua, aunque no había nada (aparte quizá de su retórica política) que lo relacionara directamente con la insurrección.

Otros acontecimientos en 1918 conducirían a un drama aún mayor. Después de que las tropas alemanas en el frente occidental amenazaran el progreso aliado, los británicos empezaron a instituir por primera vez un servicio militar obligatorio en Irlanda.

Parecía que a los irlandeses les parecía bien enviar tropas en masa cuando era de forma voluntaria, pero se oponían abiertamente a servir en la guerra cuando se consideraba que era una especie de cumplimiento de un deber exigido al Reino Unido.

---

[i] Gibney, John. *A Short History of Ireland: 1500-2000*. 2017.

Los irlandeses, que seguían sintiéndose tan privados de derechos como siempre a pesar de los avances legislativos que supuestamente se habían logrado, no podían aceptar que se los obligara a luchar por un país del que ellos mismos no se sentían parte. Muchos de los irlandeses más frustrados empezaron a fijarse seriamente hacia el Sinn Féin. Los Voluntarios Irlandeses también empezaron a lanzar su peso detrás del Sinn Féin, y pronto llegarían a formar lo que se denominaría el Ejército Republicano Irlandés o IRA para abreviar.

El IRA adoptaría características terroristas. En 1919, un par de oficiales británicos fueron asesinados por dos radicales llamados Dan Breen y Sean Treacy, que afirmaban operar bajo la agencia del Ejército Republicano Irlandés. Al año siguiente, el IRA y el Sinn Féin eran cada vez más activos.

Para liderar el movimiento se alzó un ideólogo irlandés nacido en Estados Unidos y descendiente de padre español y madre irlandesa. Su nombre era Éamon de Valera.

De Valera fue increíblemente activo durante los disturbios de 1916. En 1917 ya era una figura destacada del Sinn Féin, del que llegó a ser presidente. El Sinn Féin se estaba posicionando como defensor de la causa de la independencia durante la posguerra. Y efectivamente, en las elecciones generales de diciembre de 1918, el Sinn Féin consiguió 73 escaños en el Parlamento británico, lo que era un gran logro para cualquier partido político, especialmente para uno con tanto en juego como el Sinn Féin. Sin embargo, se habló mucho de trampas electorales en aquella época, e incluso los partidarios del Sinn Féin admitieron abiertamente haber cometido delitos en las urnas. En relación con el posible fraude en las elecciones de 1918, el escritor e historiador Peter Neville habló del fenómeno de la «suplantación».

Según Neville, era habitual que los activistas políticos irlandeses estudiaran con antelación el censo electoral para encontrar nombres de personas que habían fallecido, pero seguían en las listas de votantes. La gente suele reírse cuando se acusa a los muertos de haber votado en unas elecciones, pero según Peter Neville, esto ocurrió en las elecciones irlandesas de 1918.

Neville afirma que los piratas políticos anotaron los nombres de las personas fallecidas que aún figuraban en los censos electorales y luego enviaron agentes para «hacerse pasar» por ellas. Estos agentes votaban entonces en nombre de los muertos. Según Neville, «los del Sinn Féin eran muy buenos en esto, y algunos afirmaban haberlo hecho seis veces en 1918. Hubo incluso historias de gente que lo hizo veinte veces»[i].

Estos miembros recién elegidos se negaron finalmente a ocupar sus escaños en Westminster y, en su lugar, formaron un parlamento propio en Dublín. Estos representantes recién elegidos se reunirían por primera vez el 21 de enero de 1919. Ese mismo día declararon la independencia de Irlanda.

Le gustara o no, el Sinn Féin se había convertido en un baluarte de la oposición contra quienes no deseaban la independencia de Irlanda. En 1920, el Sinn Féin estaba al mando del gobierno irlandés y controlaba la mayor parte del aparato local. A pesar de las denuncias de fraude electoral, el Sinn Féin parecía contar con el apoyo de la mayoría del pueblo irlandés.

Las autoridades británicas intentaron contraatacar desatando un torrente de lo que se ha descrito como legislación draconiana. Esto incluyó la formación de una unidad paramilitar llamada los Negro y Caqui (en inglés: *black and tan*), cuyos miembros vestían una mezcolanza de indumentaria policial y militar (negro y caqui). Estas tropas recorrían las calles intentando imponer el estado de ley marcial al que se había sometido gran parte de Irlanda. Como se puede imaginar, tener una fuerza de ocupación en suelo irlandés no contribuyó en absoluto a que los irlandeses tuvieran un mejor concepto de la Corona británica.

Al contrario, los Negro y Caqui intimidaron y atacaron a civiles irlandeses por algo tan nimio como violar el toque de queda. Se quemaron casas y negocios, y hubo muertos y heridos. El Sinn Féin siguió atizando la indignación desde los escaños de su asamblea parlamentaria en la sombra, que se reunió violando la ley británica.

No debería sorprender demasiado oír que el Sinn Féin intentaría crear su propio órgano legislativo con los irlandeses como representantes, ya que Sinn Féin significa «Nosotros mismos». Los partidarios del Sinn Féin consideraban además que la toma del poder por los británicos durante las Actas de Unión era ilegal. Por lo tanto, la autoridad británica en Irlanda no era legítima. Por mucho que los británicos pusieran el grito en el cielo, el Sinn Féin insistía en que eran los británicos quienes violaban los derechos de los irlandeses.

---

[i] Neville, Peter. *A Traveller's History of Ireland*. 1992.

En muchos sentidos, las tropas británicas enviadas a Irlanda estaban librando una batalla perdida desde el principio. Ante todo, las tropas británicas eran vistas como una fuerza de ocupación y los rebeldes irlandeses como luchadores por la libertad. Los soldados británicos se encontraban en territorio hostil, siendo frustrados a cada paso, mientras que sus antagonistas estaban en terreno natal amistoso en el que podían dispersarse fácilmente, esconderse y conseguir apoyo antes de coordinar su siguiente ataque.

Muchos citan a menudo la guerra de Estados Unidos en Vietnam como una guerra impopular, en la que los estadounidenses lucharon no solo contra un ejército oficial, sino también contra el sentimiento del pueblo vietnamita que deseaba expulsarlos. Pero esto es solo una verdad a medias. Sí, algunos aldeanos vietnamitas se pusieron del lado de los comunistas, pero no todos. Las tropas estadounidenses seguían teniendo ostensiblemente de su lado a la mayor parte de Vietnam del Sur mientras luchaban contra las fuerzas comunistas de Vietnam del Norte. Sin embargo, los británicos en Irlanda, aparte de un puñado de protestantes alrededor de Dublín, estaban en gran parte superados en número y rodeados de católicos irlandeses que eran hostiles a su presencia en la región.

Para empeorar las cosas, las fuerzas de ocupación británicas llegaron a considerar al ciudadano medio como «el enemigo». Ni las tropas británicas, cuyo trabajo consistía en patrullar las calles irlandesas, ni los ciudadanos irlandeses se sentían seguros. Las familias irlandesas vivían con el temor de que los soldados británicos llamaran a su puerta a medianoche en busca de armas o de operativos del IRA.

El intento de los irlandeses de librarse del control cada vez más duro de Gran Bretaña se libraría hasta 1921. Al final de esta guerra, se promulgó el Tratado Anglo-irlandés (no confundir con otro tratado posterior del mismo nombre). Este tratado pretendía establecer Irlanda como un Estado libre y un dominio dentro de lo que se conocía como la Commonwealth británica.

El Estado Libre Irlandés entró en vigor el 6 de diciembre de 1921. El Estado que nació no era una república, sino una monarquía constitucional con representantes elegidos en el Parlamento británico. Con este estatus de dominio, el Estado Libre Irlandés tenía independencia general para gobernar sus propios asuntos, pero la monarquía británica seguía siendo la máxima autoridad ejecutiva.

Esto significaba que Irlanda sería muy similar a Canadá, que era otro dominio británico que se había abierto camino gradualmente hacia la independencia. Sin embargo, los irlandeses no estaban contentos. Poco después de que entrara en vigor el tratado para un Estado libre, dos facciones de los irlandeses empezaron a luchar entre sí por sus interpretaciones de lo que realmente significaba la independencia.

La guerra civil irlandesa comenzó en Dublín y se libró entre los partidarios del tratado y el IRA contrario al tratado. Esta guerra se libraría durante 1922 y 1923.

En la primera fase, los contrarios al Tratado (el IRA), dirigidos por Rory O'Connor, tomaron el control de los Cuatro Tribunales. El edificio fue entonces asediado por los partidarios del Estado Libre dirigidos por Michael Collins. El grupo de Collins asedió a los antitratadistas con artillería pesada, expulsándolos.

Había más fuerzas antitratadistas en Cork, pero los Estatales Libres enviaron fuerzas por mar para hacerles frente. Los partidarios del Estado Libre triunfarían, pero a costa de muchas vidas, incluida la de Michael Collins, de 32 años. Collins fue abatido a tiros por un grupo de antitratadistas descontentos en agosto de 1922.

La guerra civil irlandesa se desvaneció a principios de 1923 y los partidarios del Estado Libre se consideraron vencedores. Con De Valera a la cabeza, se había creado el Estado Libre de Irlanda.

Había una trampa muy grande en todo esto porque no toda Irlanda recibió este estatus de Estado Libre. El extremo nororiental de la isla, que había sido el más sometido a las plantaciones y a todos los demás esfuerzos de anglización y proselitismo protestante, seguiría vinculado al resto del Reino Unido. Sin embargo, la mayoría protestante de Irlanda del Norte deseaba que así fuera.

En 1973 se celebró un referéndum para ver si la mayoría de la población aprobaba abandonar el Reino Unido y unirse a la República de Irlanda. La votación fue boicoteada por los nacionalistas, lo que hizo que Irlanda del Norte permaneciera en el Reino Unido.

Mapa de Irlanda en la actualidad[#]

Irlanda del Norte seguiría siendo una llaga duradera y un punto de discordia para todos los implicados. La continua percepción de la privación de derechos de los católicos por parte de los protestantes solo haría más patente su desaprobación.

Había sido una larga y dura lucha por la libertad, pero poco se sabía de los problemas que esperaban a los irlandeses en los años venideros.

Capítulo 8: Los Troubles: Una relación turbulenta

«No me doblegarán porque el deseo de libertad, y la libertad del pueblo irlandés, están en mi corazón. Amanecerá el día en que todo el pueblo de Irlanda hará gala de su deseo de libertad. Será entonces cuando veamos salir la luna».

—Bobby Sands

Existe una tendencia en las historias sobre Irlanda a pasar directamente de la independencia y el final de la guerra civil irlandesa en 1923 a la época de los «Troubles» (problemas), que comenzaron en la década de 1960. Aunque se trata de dos momentos álgidos de la historia irlandesa, es obvio que pasaron muchas cosas entre esos dos hitos históricos. Así que, dicho esto, nos vendría bien repasarlos brevemente.

Inmediatamente después de conseguir la independencia irlandesa, lo más importante para los irlandeses era asegurarse de poder mantener una base económica sólida. Esto se volvería bastante difícil tras el crack bursátil de 1929. Aunque este acontecimiento comenzó en Estados Unidos, el crack enviaría ondas de choque a todo el mundo.

La Gran Depresión, como se la llamaría, hincaría sus dientes profundamente en Irlanda en la década de 1930, pero sería Irlanda del Norte la que se enfrentaría de lleno a esta devastación económica. Desde los días de la hambruna de la papa no se vivían tiempos tan duros. Y dado que Inglaterra había sido objeto de duras críticas por no haber supuestamente administrado a los irlandeses durante tales calamidades con anterioridad, se hizo doblemente importante para los administradores irlandeses autóctonos encontrar formas exitosas de sobrellevar la tormenta en su nación.

Uno de los mayores obstáculos era simplemente encontrar trabajo para todos. En la década de 1930, seis condados de Irlanda se veían muy afectados por el desempleo, que rondaba el 25%.

Uno podría pensar que tal sufrimiento podría traer la unidad a Irlanda a través de la experiencia compartida de la penuria universal. Sin embargo, en lo que respecta a los católicos y los protestantes irlandeses, no fue así. Aunque la población irlandesa se alegraba de ser libre e independiente, la mayoría aún guardaba algún tipo de rencor ancestral contra «el otro».

Esto pudo verse en los años 30, cuando se produjo un disturbio a causa de un jardinero católico irlandés que trabajaba en el recinto del Parlamento en Stormont y fue despedido simplemente por su origen. El hombre era un buen trabajador y un veterano de la Primera Guerra Mundial. Había servido con distinción. Pero para quienes despreciaban su fe y lo veían todo a través de una lente sectaria hastiada, esas cosas no parecían importar.

En medio de esta situación cada vez más volátil, el Estado Libre de Irlanda forjó una nueva constitución en 1937, que lo transformó en la República de Irlanda. La constitución reafirmaba algunas aspiraciones básicas de los patriotas irlandeses, como hacer de la lengua irlandesa el idioma oficial de Irlanda. Estos hechos eran bastante previsibles.

Menos previsible era el hecho de que esta constitución lograra algunas proezas de prestidigitación política bastante interesantes. Por un lado, reivindicaba que Irlanda controlara los 32 condados, al tiempo que admitía la realidad de que su jurisdicción solo abarca 26 condados. Aun así, la redacción de la constitución dejaba intencionadamente la puerta abierta a una posible repatriación futura. Esto, por supuesto, no sentó bien a los unionistas de Irlanda del Norte.

Fue el comienzo de una relación muy turbulenta, a falta de mejores palabras. En el telón de fondo de toda esta incertidumbre, estalló la Segunda Guerra Mundial. En muchos sentidos, los británicos, en general, y los irlandeses, en particular, aún estaban superando la Primera Guerra Mundial.

En 1939, poco después de la invasión alemana de Polonia y del inicio del conflicto, la mayoría de los irlandeses tuvieron que decidir cuál era su posición en la conflagración. Desde luego, no iban a tomar partido por los alemanes, pero tampoco querían verse arrastrados al conflicto por los británicos. Para la mayoría de los irlandeses, una postura de neutralidad parecía ser la única opción viable disponible.

El presidente De Valera denunció la agresión alemana, pero también dejó claro que Irlanda se mantendría neutral durante el conflicto. Esto no era del todo agradable para Gran Bretaña, pero era algo que los británicos estaban dispuestos a —al menos a regañadientes— aceptar por el momento.

Sin embargo, ser neutral creaba su propia serie de problemas. Si los aviones, por ejemplo, eran derribados o aterrizaban en Irlanda, ¿qué debían hacer los irlandeses? La cuestión de qué hacer con los prisioneros de guerra demostró con quién estaba verdaderamente alineada Irlanda. Si algún alemán se estrellaba en Irlanda, era recluido, mientras que los militares aliados que aterrizaban eran transportados discretamente a Inglaterra.

Irlanda del Norte, sin embargo, era un asunto totalmente distinto. Como Irlanda del Norte formaba parte del Reino Unido, participó activamente en la guerra. Irlanda del Norte acabó siendo un punto de escala para las tropas estadounidenses que llegaban. Un gran número de tropas estadounidenses estuvieron estacionadas allí durante la guerra.

Curiosamente, Irlanda del Norte fue la que más progresó desde el punto de vista económico después de la guerra. De 1945 a 1968, Irlanda del Norte realizó grandes mejoras en la monetización de los activos procedentes de la agricultura y la ganadería. Irlanda del Norte vivió un auténtico boom exportador, en el que el ganado y otros productos agrícolas se enviaban al resto de Gran Bretaña.

Aun así, el desempleo seguía siendo una carga bastante pesada de soportar, y fueron los católicos irlandeses quienes se llevaron la peor parte. Los historiadores creen que muchas de estas cuestiones no se hicieron intencionadamente, pero los oprimidos de Irlanda del Norte veían las cosas de otro modo. A menudo se consideraba que estas penurias formaban parte de un complot mayor concertado para oprimir activamente a los católicos irlandeses.

En este tenso telón de fondo de recelos, decisiones que a primera vista podían parecer bastante inocuas, como la de ubicar una nueva universidad en la ciudad protestante de Coleraine en lugar de la católica Londonderry (o Derry), adquirieron un significado totalmente nuevo. A la luz de estos recelos crecientes, el apoyo al IRA en Irlanda del Norte empezó a cobrar velocidad.

Cuando las hostilidades empezaron a hervir, Irlanda del Norte, en particular, comenzó a entrar en un periodo ampliamente conocido como los Troubles (problemas). Este turbulento periodo, que abarcó desde los años 60 hasta los 90, sería testigo de la inestabilidad, las luchas, la agitación y el derramamiento de sangre mientras los irlandeses de Irlanda del Norte luchaban por encontrar su equilibrio y su identidad.

Contrariamente a la opinión popular, no todos los irlandeses del norte que buscaban el cambio querían progresar mediante el derramamiento de sangre o el uso de la fuerza. En la década de 1960, existía un creciente movimiento no violento de derechos civiles en Irlanda del Norte. Esta organización era conocida como la Asociación de Derechos Civiles de Irlanda del Norte (NICRA, por sus siglas in inglés), y gran parte de la retórica y las estrategias de este movimiento seguían el modelo del movimiento de derechos civiles estadounidense.

El grupo se fundó en febrero de 1967. Había muchos paralelismos entre el NICRA y el movimiento por los derechos civiles en Estados Unidos, pero uno de los más inquietantes era cómo ambos grupos se enfrentaban a menudo a una violenta acción policial.

El 5 de octubre de 1968, por ejemplo, varios manifestantes fueron detenidos cuando intentaban atravesar Londonderry (también conocida como Derry). Estos manifestantes pacíficos fueron aplastados por la Real Policía del Ulster (RUC). La RUC era la fuerza policial designada de Irlanda del Norte, cuya composición era casi totalmente protestante.

En ese momento, había muchos católicos en Irlanda del Norte que creían que la única solución era separarse totalmente del Reino Unido. Esa mayoría protestante que no estaba de acuerdo, quería quedarse y se los conocía como «unionistas».

Esta polémica situación llegó a su punto álgido en el verano de 1969. Ese mes de agosto, los unionistas lanzaron una serie de feroces asaltos contra los barrios católicos de Belfast y Londonderry. La situación parecía calamitosa y todas las miradas estaban puestas en el liderazgo (o la falta del mismo) de los unionistas de Irlanda del Norte, dirigidos por el primer ministro norirlandés, James Chichester-Clark.

Cuando el gobierno local no pareció estar a la altura del reto de mantener la paz, las tropas británicas empezaron a aparecer con fuerza. Las tácticas de mano dura del ejército británico no tardaron en encender los ánimos en Irlanda del Norte.

En primer lugar, en julio de 1970 se estableció un duro toque de queda. Esto no fue popular entre nadie, y la dureza con la que se hizo cumplir solo estaba destinada a causar problemas. Algo aún peor ocurrió el verano siguiente, en agosto de 1971. Los barrios católicos irlandeses fueron objetivo de internamiento. Gran parte de Irlanda del Norte estalló en violentos disturbios. Durante una racha de disturbios especialmente grave, veintidós personas murieron y otras innumerables se vieron obligadas a abandonar sus barrios debido a la destrucción desenfrenada que se había producido.

Fue en ese momento cuando se dice que el IRA (Ejército Republicano Irlandés) se revitalizó. Muchos católicos irlandeses consideraban cada vez más al IRA no como un grupo radical, sino como los verdaderos guardianes y protectores del modo de vida católico irlandés. Esencialmente, lo único que se interponía entre los católicos irlandeses y una destrucción segura a manos de los unionistas y del ejército británico era el IRA.

El IRA tenía dos alas ideológicas, una que se inclinaba hacia la izquierda y otra hacia la derecha. Estas dos alas cristalizaron por primera vez el 11 de enero de 1970, durante una reunión en Dublín de representantes del IRA, cuando el IRA Oficial decidió continuar la lucha por medios políticos. El grupo más radical de derechas, conocido como el IRA Provisional, se escindió y emprendió un camino mucho más militante y de confrontación.

Este grupo se autodenominaba «Provisional» en referencia al Gobierno Provisional de Dublín, que había entrado en vigor en 1916. Los Provisionales (a menudo denominados en argot «Provos») acusaban al IRA Oficial de tener un carácter izquierdista e incluso marxista. Pero lo más importante es que los Provos no estaban de acuerdo con la postura no violenta del IRA Oficial.

El IRA Provisional creía que ya había pasado el momento de hablar y deliberar, y que la fuerza era realmente necesaria. Este enfoque de confrontación se puso de manifiesto en la primavera de 1970. En recuerdo del Alzamiento de Pascua que había tenido lugar varias décadas antes, el IRA Provisional organizó manifestaciones violentas.

El uso de tácticas de mano dura por parte de los británicos durante los disturbios de 1971, muy especialmente el internamiento de los católicos irlandeses, jugó a favor de los beligerantes del IRA de todas las tendencias. Los británicos habían proporcionado a los católicos irlandeses todas las razones del mundo para buscar apoyo en el IRA Provisional. Por su parte, el IRA Provisional (a veces denominado Provos) declaró que la única solución a los problemas a los que se enfrentaba Irlanda del Norte era romper los lazos con el Reino Unido.

Los protestantes unionistas de Irlanda del Norte, por supuesto, no estaban de acuerdo, así que el dilema continuó. Este dilema asomó su fea cabeza de forma terrible en 1972, cuando un grupo de paracaidistas británicos masacró a un grupo de trece católicos irlandeses defensores de los derechos civiles en Londonderry. Este incidente, conocido como el Domingo Sangriento, pondría firmemente a los católicos irlandeses del lado del IRA.

El IRA Oficial pronto entraría también en acción, con el lanzamiento de varios ataques coordinados contra objetivos británicos. Más tarde se sabría que el IRA llegó a un acuerdo nada menos que con el dictador libio Muamar Gadafi en 1972. El propio Gadafi, que en su día ayudó a gran cantidad de militantes en todo el mundo, decidió que le convenía ayudar al IRA para provocar a los británicos.

Para entonces, conflicto norirlandés estaba en pleno apogeo. Justo después de los acontecimientos del Domingo Sangriento, se cerraron las puertas parlamentarias de Irlanda del Norte. En su lugar, se elaboró un nuevo acuerdo por el que los representantes protestantes y católicos se comprometían a compartir el poder en forma de un gobierno de consenso. Sin embargo, este acuerdo favoreció fuertemente a los protestantes de Dublín y pronto fue denunciado por los católicos irlandeses.

Al final, el IRA Oficial consiguió llegar a un acuerdo y se acordó un alto el fuego en 1972. El IRA Provisional seguiría luchando.

El IRA Provisional intensificó sus ataques y pronto llegaría incluso a Inglaterra. En 1974, los militantes del IRA apuntaron y atacaron Birmingham. Estas acciones hicieron que algunos llamaran a Birmingham «Bombingham británico».

Irlanda atravesó una terrible crisis de inflación durante parte de este periodo. Gran parte de ella tuvo su origen en el embargo petrolero de 1973, que provocó la inflación de los precios del petróleo en gran parte del mundo. Como suele ocurrir, cuando el precio del petróleo y del gas subió, también lo hizo el de los alimentos, que tenían que ser transportados en camiones que sufrían en el surtidor por los precios inflados de la gasolina.

Durante esta época se produjo un repunte decisivo de la violencia. Entre 1973 y 1976 murieron personas arbitrariamente y se derribaron edificios en atentados terroristas. Una serie de atentados con bomba llegó hasta la propia Inglaterra, acaparando gran atención en 1973. Además, se dice que más de doscientas personas fueron asesinadas de media cada año a partir de entonces, y que el mayor número se produjo en 1976. Ese año, nada menos que 297 personas fueron asesinadas como consecuencia de la agitación política en Irlanda del Norte.

Aquel fatídico año de 1976 vio cómo el IRA masacraba a diez protestantes al azar en venganza por seis católicos irlandeses que habían sido asesinados previamente. Este sangriento incidente, conocido como la masacre de Kingsmill, fue seguido poco después por un suceso que consiguió llamar aún más la atención. Un embajador del Reino Unido, junto con un compañero funcionario, volaron por los aires tras cruzar una mina terrestre en Dublín.

Sin embargo, el incidente más condenatorio ocurrió en agosto de ese año, cuando un supuesto militante del IRA Provo fue abatido por las tropas británicas durante una persecución a gran velocidad. El militante acabó estrellando su vehículo robado y matando a varios niños en Belfast. Este triste incidente llevó a Mairead Corrigan, tía de uno de los niños asesinados, a unirse a su compañera activista Betty Williams para encabezar una masiva manifestación por la paz. Exigieron a todas las partes que pusieran fin a la violencia.

El gesto político más importante durante este periodo fue el fin de la práctica tan controvertida del internamiento. Sin embargo, el fin del internamiento también supuso el fin de la consideración por parte del Reino Unido de los que permanecían bajo custodia como presos políticos. En su lugar, fueron vistos como delincuentes comunes y corrientes, culpables de delitos contra el Estado. Esta medida fue muy criticada por los partidarios del IRA, ya que significaba que perderían muchos derechos y distinciones que habían ostentado anteriormente bajo la denominación de presos políticos.

Esto provocó vehementes protestas por parte de los presos irlandeses detenidos en el Reino Unido durante el resto de los años setenta y principios de los ochenta. Las protestas comenzaron de una manera bastante simple pero directa. Al principio, los prisioneros se negaron a llevar la ropa que se les había dado y que señalaba que eran prisioneros normales. En cambio, estos prisioneros de guerra se envolvieron en mantas mientras se encogían de hombros sin los uniformes oficiales de la prisión que se les daban.

Cuando esto no obtuvo los resultados deseados, aumentaron su campaña de presión, negándose a salir de sus celdas. Ni siquiera salían para ir al baño. Las heces y la orina pronto cubrieron su espacio vital. Este episodio bastante desagradable se conoció como la «protesta sucia». Esta forma de protesta consiguió llamar la atención, pero no obtuvo el resultado deseado de que los presos fueran reconocidos como detenidos políticos.

En 1980, los presos habían cambiado de táctica y habían decidido embarcarse en una huelga de hambre general. El grupo se lo tomó bastante en serio y se negó a rendirse hasta que se cumplieran sus demandas.

Un joven que formaba parte de la huelga de hambre demostró lo serio que era cuando se mató literalmente de hambre. Ese joven se llamaba Bobby Sands, y pasaría a la historia como un mártir de la causa del IRA.

Para hacer las cosas más interesantes, justo antes de que Bobby Sands pereciera, fue elegido miembro del Parlamento. Esto significaba que la primera ministra británica, Margaret Thatcher, se había negado básicamente a ceder cualquier tipo de terreno a los presos irlandeses, a pesar de que uno de ellos era miembro del Parlamento.

A Thatcher le habría importado un bledo que fuera miembro del Parlamento. En su mente, era un terrorista criminal, y ella no cedería ni un ápice ante las exigencias terroristas.

A su modo de ver, si Bobby se moría de hambre, era por su culpa. Lo único que tenía que hacer era comer; ella no se lo impedía. Aun así, muchos empezaron a considerar a Thatcher poco menos que un monstruo por su postura de línea dura y por no intentar al menos aplacar de algún modo al hambriento joven de veintisiete años, lo suficiente como para convencerlo de que abandonara la huelga de hambre.

El IRA solo se hizo más fuerte como resultado. El golpe propagandístico propiciado por la indiferente primera ministra que «dejó morir de hambre a Bobby» fue estupendo para el reclutamiento.

El Sinn Féin también volvió a destacar, esta vez, como una máquina política bien engrasada. Los principales engranajes de esta máquina eran los incondicionales del IRA Gerry Adams, Martin McGuinness y Danny Morrison. La movilización del Sinn Féin tuvo éxito y obtuvo resultados. Esto quedó patente en las elecciones que tuvieron lugar en otoño de 1982, en las que el Sinn Féin obtuvo un 10 por ciento de los votos emitidos. Al año siguiente, Gerry Adams se aseguró un escaño en el Parlamento.

Pero mientras algunos miembros del IRA buscaban resultados a través de las urnas, otros se aferraban a las balas. En 1979, dieciocho soldados británicos fueron masacrados en Warrenpoint. A esto siguió el asesinato de Louis Mountbatten, I conde de Mountbatten, que era pariente de la familia real británica. Fue asesinado mientras se encontraba en Irlanda durante las vacaciones.

Los primeros años de la década de 1980 estuvieron llenos de actos violentos. En 1984, por ejemplo, el IRA bombardeó un hotel donde se reunían los conservadores, incluida Margaret Thatcher. Por muy poco, Thatcher consiguió salir ilesa.

Este impresionante incidente dejó meridianamente claro que había que hacer algo para poner fin a todo este terror y derramamiento de sangre. El Acuerdo Angloirlandés entró en vigor el 15 de noviembre de 1985, con el respaldo oficial tanto de Londres como de Dublín, en un esfuerzo por resolver el problema de Irlanda del Norte.

La violencia continuaría durante los años siguientes. Once protestantes murieron durante un sangriento incidente en 1987, y veintisiete fueron asesinados en 1993. Pero aun así, tanto Dublín como Londres se esforzaron por encontrar una solución. Durante los años noventa se seguiría esta misma trayectoria.

La Declaración de Downing Street se realizó en 1993. Supervisada por el primer ministro John Major, esta declaración afirmaba que el Reino Unido ya no tenía ningún interés estratégico real en Irlanda del Norte.

Se afirmó además que si la mayoría de los que vivían en Irlanda del Norte manifestaban su interés por regresar a Irlanda, el Reino Unido no se interpondría en su camino. Este acuerdo mutuo contribuyó a un alto el fuego oficial entre el Ejército Republicano Irlandés Provisional y el gobierno del Reino Unido el 31 de agosto de 1994.

Ayudó al proceso la creación del Foro para la Paz y la Reconciliación, puesto en marcha por funcionarios del gobierno en Dublín en octubre de 1994. Este lugar especial creó una plataforma en la que las partes enfrentadas podían hablar y exponer abiertamente sus quejas sin miedo a la violencia ni a las represalias.

Estos acercamientos pacíficos se enfrentarían a turbulencias en la primavera de 1996, cuando las facciones radicales del IRA se impacientaron con el proceso. También crecía la furia por las transgresiones de una Orden Orange cada vez más beligerante. Como ya se ha mencionado en este libro, la Orden Orange |es una organización fraternal protestante.

Los protestantes irlandeses estaban literalmente en marcha en 1996, desfilando en extravagantes desfiles para mostrar su apoyo al protestantismo y al unionismo, para disgusto de los católicos locales. Cuando pasaban por barrios predominantemente católicos, estallaban los disturbios. Los gobiernos locales se sintieron incapaces de detener el tumulto, ya que los Orangemen (como se los llamaba) insistían en que era su derecho marchar. Si el gobierno prohibía las marchas, los protestantes irlandeses se amotinarían.

En medio de este tumulto y malestar, el IRA decidió dar el golpe. El 9 de febrero de 1996, estos militantes radicales detonaron un artefacto explosivo en el Canary Wharf de Londres.

A estas alturas, muchos habían perdido la fe en los esfuerzos del primer ministro Major, y al año siguiente, 1997, fue expulsado en favor del primer ministro Tony Blair.

Blair parecía decidido a arreglar las conversaciones de paz en curso. Tendió la mano a su homólogo irlandés, Bertie Ahern, e incluso solicitó la ayuda del presidente de Estados Unidos, Bill Clinton, en su intento de reavivar unas conversaciones de paz que parecían estancadas.

Estos esfuerzos dieron sus frutos cuando se obtuvo otro alto el fuego a finales de 1997 y se reanudaron las conversaciones a principios de 1998. Las conversaciones desembocaron en el Acuerdo de Viernes Santo (también conocido como Acuerdo de Belfast), que tuvo lugar el 10 de abril de 1998. Este acuerdo fue aclamado por todos como el mayor intento hasta la fecha de crear una paz duradera en Irlanda del Norte. El acuerdo preveía la creación de una asamblea descentralizada en Irlanda del Norte. Esta asamblea descentralizada permitiría a los unionistas y a los nacionalistas irlandeses tener voz y voto en su gobierno en lo que se consideraba una especie de acuerdo para compartir el poder.

El acuerdo insistía además en que ambas partes rechazarían firmemente la violencia. El acuerdo de paz se firmó el Viernes Santo y parecía que se había logrado un progreso real. Sin embargo, eso no impidió que algunos de los miembros más extremistas del IRA llevaran a cabo un último ataque devastador. Ocurrió en agosto de 1998, solo unos meses después de que se hubiera alcanzado el acuerdo, cuando un coche bomba fue detonado en los mercados de Armagh, causando la muerte de veintinueve personas.

La parte del acuerdo relativa al reparto de poder en lo que respecta a la asamblea descentralizada se revocó de hecho a principios de la década de 2000, pero volvió a ponerse en marcha en abril de 2007. Desde entonces, la violencia en Irlanda del Norte se ha convertido, afortunadamente, en un acontecimiento mucho menos frecuente. El IRA Provisional ha dejado de funcionar como grupo paramilitar. Entonces, ¿se han acabado los problemas? Solo nos queda esperar.

Capítulo 9: El Tigre Celta: El auge y la recesión económica

«Lo que una vez fueron solo esperanzas de futuro se han hecho realidad; hace casi exactamente 13 años que la inmensa mayoría de la población de Irlanda e Irlanda del Norte votó a favor del acuerdo firmado el Viernes Santo de 1998, allanando el camino para que Irlanda del Norte se convirtiera en el lugar apasionante e inspirador que es hoy».

—*Reina Isabel II*

Una de las razones por las que las conversaciones de paz entre Irlanda e Inglaterra se hicieron más atractivas fue el hecho de que se produjo un repentino repunte de la economía irlandesa. Fue inesperado para la mayoría, pero a principios de la década de 1990, mientras se hacían gestiones para iniciar las conversaciones de paz, la economía irlandesa había experimentado un repentino e inesperado auge.

A Irlanda se le llegó a llamar el «Tigre Celta» debido al feroz e implacable crecimiento de su economía. Al parecer, el término fue utilizado por primera vez en unas declaraciones del gigante de la industria Morgan Stanley. En un informe económico de 1994 sobre la región, el escritor Kevin Gardiner se refirió a Irlanda como Tigre Celta a la luz de su repentino ascenso. Este ascenso se ha comparado con el repentino ascenso de algunos estados del este asiático, como Singapur, Taiwán y Corea del Sur, todos ellos calificados anteriormente de «tigres» económicos.

Desde entonces, este auge celta se ha atribuido en gran medida a las inversiones realizadas tras la Guerra Fría tanto por Estados Unidos como por la Unión Europea. Tras la caída de la Unión Soviética, Estados Unidos parecía dispuesto a ser la única superpotencia del planeta. Estados Unidos tenía el ejército más poderoso y la cartera más grande, y para muchos, Irlanda parecía un bien inmueble de primera en el que invertir.

La Unión Europea también estaba bastante interesada en Irlanda, ya que era una nación «euroamigable» (amistosa tanto con la cultura europea como con el dinero europeo) con una mano de obra anglófona ya preparada a la que se podía recurrir para una gran variedad de funciones. Otro incentivo para los inversores era el hecho de que Irlanda presumía de un tipo mucho más bajo para el impuesto de sociedades.

Para estas megacorporaciones, Irlanda parecía un lugar ideal para comprar enormes extensiones de terreno y construir fábricas. Irlanda se convirtió en un centro de fabricación, especialmente en el emergente sector tecnológico. En 1998, alrededor del 40% de todas las exportaciones de Irlanda estaban relacionadas con la informática. Tanto Dell como Gateway utilizaron Irlanda como base para sus operaciones.

Todas estas inversiones en Irlanda y en su economía dieron lugar a una gran expansión de las infraestructuras y de la industria en todos los sectores. Y todo esto combinado, por supuesto, significó muchos puestos de trabajo. En lugar de oleadas de irlandeses que huían de su país de origen, ahora regresaban los expatriados. No solo eso, personas que ni siquiera eran de Irlanda se dirigían a la isla en busca de mejores oportunidades.

Los europeos del Este, especialmente los procedentes de naciones que acababan de incorporarse o pensaban hacerlo a la Unión Europea, inundaron Irlanda. Convertirse en un destino deseable para quien buscaba una carrera era un territorio nuevo e inexplorado para Irlanda.

Durante un tiempo, se produjo un bucle de retroalimentación positiva constante y potente. Las inversiones permitían el crecimiento de la industria, lo que generaba puestos de trabajo, que a su vez daban poder adquisitivo a la población, que gastaba su dinero duramente ganado en comercios, restaurantes y en bienes inmuebles. Todo este dinero acababa volviendo a las industrias responsables del crecimiento, repitiéndose el ciclo una y otra vez.

Todo esto suena muy bien. Entonces, ¿qué ocurrió? Bueno, como la mayoría de las inversiones de finales de los 90 y principios de los 2000 estaban relacionadas con las industrias tecnológicas, Irlanda se vio gravemente afectada cuando estalló la burbuja de las puntocom.

La burbuja se creó cuando el público en general se interesó mucho por todo lo relacionado con la tecnología. Se compraban computadoras y una amplia franja del sector público utilizaba Internet por primera vez.

El auge de las puntocom no fue en realidad diferente de muchos otros auges relacionados con la tecnología que se han producido en la historia. La implantación masiva del ferrocarril en la década de 1840, por ejemplo, tuvo un auge similar, al igual que la repentina disponibilidad generalizada de automóviles cien años después.

Aprovechar estas repentinas olas de entusiasmo de los consumidores es estupendo mientras duran, pero en lo que respecta al auge de las puntocom, se produjo una caída repentina e inesperada en la industria tecnológica.

Se ha presentado una amplia gama de teorías sobre por qué ocurrió esto, desde el simple declive general del interés hasta que las empresas temían demasiado la crisis del efecto 2000. El efecto 2000 se utilizó para referirse a un atajo de programación informática. La gente temía que los relojes internos de los sistemas informáticos, que habían sido programados originalmente para funcionar con solo dos dígitos para significar los años, fueran incapaces de reconocer el año 2000, que, en un formato de dos dígitos, se habría reducido a «00».

Sea cual sea la razón, se produjo un descenso de las ventas, las empresas entraron brevemente en pánico y estalló la burbuja de las puntocom. En consecuencia, la inversión en Irlanda se resintió.

Desgraciadamente para Irlanda, la otra gran fuente de ingresos de la Isla Esmeralda —el turismo— también sufrió tras los atentados terroristas del 11 de septiembre de 2001 en Nueva York (EE. UU.). A causa de los atentados, muchos empezaron a reconsiderar la posibilidad de volar en avión. En los atentados del 11-S, los terroristas estrellaron aviones comerciales contra el World Trade Center de Nueva York, así como contra el centro neurálgico militar de Estados Unidos, el Pentágono. Hubo un cuarto avión, pero los rehenes a bordo lograron apoderarse de él, estrellando el avión contra un campo de Pensilvania. Nadie sobrevivió a ninguno de los accidentes aéreos. El miedo a volar provocó un descenso decisivo del turismo, e Irlanda se vio perjudicada por ello.

Irlanda empezó a recuperarse un poco en 2003, pero había otros problemas por delante. Muchos inversores habían descubierto que era mucho más barato llevar sus negocios a Europa del Este, donde la gente no exigía salarios elevados ni primas de seguros caras.

Tales decisiones harían que muchas empresas retiraran sus participaciones de Irlanda y se trasladaran a países de Europa del Este. Irlanda intentó recuperarse y se hicieron algunos progresos. Los más optimistas incluso empezaron a hablar de un posible «Tigre Celta 2» en el horizonte. Pero entonces estalló la burbuja inmobiliaria de 2008, y las ondas expansivas golpearon a Irlanda con especial dureza.

Irlanda había sido un gran receptor de inversiones bancarias en diversas propiedades, por lo que una vez que la burbuja inmobiliaria irlandesa estalló, Irlanda necesitaba urgentemente un rescate. Ese año se utilizó una enorme cantidad del PIB (producto interior bruto) precisamente para eso, pero el esfuerzo desembocó en una terrible recesión.

Aun así, todas las fortunas económicas a las que se vio sometida Irlanda bastaron para transformar fundamentalmente aspectos clave de Irlanda y de la sociedad irlandesa. El tirón hacia la Unión Europea, en particular, ha tenido algunos efectos duraderos y quizá sorprendentes. La adopción del euro como moneda ha sido en gran medida beneficiosa para Irlanda en la medida en que ha abierto enormemente los mercados irlandeses en la escena mundial.

Para permanecer en la Unión Europea, Irlanda tiene que acatar las normas de la Unión Europea, lo que ha provocado una transformación de la sociedad irlandesa. Gracias a la Unión Europea, Irlanda abandonó por fin su anticuada práctica de despedir a las funcionarias por el mero hecho de haberse casado en 1973. Este es solo un ejemplo, pero muestra el potencial de cambio social de Irlanda debido a la presión de la UE.

Las conexiones de Irlanda con el continente permitieron que el país quedara rápidamente menos aislado y tuviera un alcance mucho más cosmopolita. Solo podemos preguntarnos qué cambios le aguardan a Irlanda en un futuro muy próximo.

Capítulo 10: La Irlanda moderna del siglo XXI

«En la isla de Irlanda, la cuestión de la frontera es algo más que un asunto práctico. Tiene que ver con la emoción, la historia y la política».
—Penny Mordaunt

La siguiente fase de la historia económica irlandesa fue la recuperación celta, a la que algunos se han referido nada menos que como el ave fénix celta resurgiendo de sus cenizas. La recuperación celta se inició en 2014 y, durante los últimos años, ha avanzado a un ritmo bastante constante. Se dice que el PIB de Irlanda aumentó hasta un 7% en 2015, y las tendencias favorables continuaron en los años siguientes. Irlanda sigue presumiendo de un bajo tipo del impuesto de sociedades y de una población con un alto nivel educativo, factores que favorecen a la industria tecnológica. Esto ha propiciado el resurgimiento de empresas tecnológicas en el país, como Apple, Facebook y Google. Aun así, este rápido auge ha hecho que muchos se pregunten si Irlanda podría asistir de nuevo al estallido de una burbuja.

Probablemente, el mayor y más flagrante defecto de la economía irlandesa es el hecho de que dependa tanto de la inversión de las empresas multinacionales. Irlanda se presenta básicamente como un buen lugar para las inversiones extranjeras. Pero, ¿qué pasa con las industrias autóctonas?

En lugar de Apple, Google, Microsoft y Facebook de origen estadounidense, ¿qué tal un invento irlandés original o dos? Mientras a las grandes empresas multinacionales les vaya bien, la inversión estará ahí e Irlanda seguirá en buena forma. Pero si se retiran, el ave fénix celta pronto se convertirá en un montón de cenizas.

Tampoco debemos olvidar el drama del Brexit. Aunque el Reino Unido (incluida Irlanda del Norte) decidió su salida de la Unión Europea, Irlanda no lo hizo. Aun así, se pusieron en marcha protocolos especiales, el Protocolo de Irlanda del Norte, para ser exactos, que seguirían permitiendo la libre circulación en la Unión Europea y la vigencia de la Unión Aduanera de la Unión Europea para evitar problemas engorrosos e innecesarios en la región. Sin embargo, Irlanda del Norte sigue aislada del mercado único de la Unión Europea.

El principal punto de discordia durante todo este calvario se debió al hecho de que el Reino Unido e Irlanda no deseaban tener una frontera dura. No querían una línea dura entre Irlanda del Norte y la República Irlandesa que fuera difícil de cruzar. Si uno se fijara en cualquier situación del mundo en la que la región de un país haya sido dividida, como Alemania Oriental y Alemania Occidental, se daría cuenta de por qué estos asuntos son delicados.

Sí, Irlanda del Norte sigue considerándose territorio del Reino Unido, y sí, el Reino Unido abandonó la Unión Europea, pero el resto de Irlanda sigue formando parte de la Unión Europea. Nadie deseaba crear más problemas de los que ya había convertido a Irlanda del Norte en un extraño enclave no perteneciente a la Unión Europea en la misma isla que la República de Irlanda.

No habría una versión del Reino Unido del Muro de Berlín para separar las fronteras de Irlanda del Norte del resto de Irlanda. En su lugar, las fronteras se relajarían y gran parte de los protocolos de la Unión Europea se reconocerían en Irlanda del Norte, aunque técnicamente la nación ya no formara parte de la UE.

Muchos esperaban que la influencia continuada de la Unión Europea y la relajación de las fronteras aliviarían las tensiones entre Irlanda del Norte e Irlanda. Esto tiene sentido, ya que el objetivo de la UE es crear un sistema de Estados europeos unificados. Los ciudadanos de la República de Irlanda, Alemania y Francia forman parte de la Unión Europea. Su visión es la de una Europa unida en la que se disuelvan las mezquinas distinciones fronterizas del pasado y todos sean simplemente europeos.

La mayoría de la población de Irlanda del Norte apoyaba la permanencia en la Unión Europea. Sin embargo, este apoyo atravesaba principalmente las líneas sectarias entre católicos y protestantes. Alrededor del 56% de los norirlandeses deseaban seguir formando parte de la UE. Pero, por supuesto, aunque la mayoría en Irlanda del Norte deseaba permanecer, sus voces se vieron ahogadas por la mayoría más amplia del Reino Unido, del que Irlanda del Norte sigue formando parte.

Resulta bastante interesante contemplar que la flexibilización de las fronteras a través de la Unión Europea condujo al acercamiento entre la República de Irlanda e Irlanda del Norte tras años de aislamiento. En el pasado, más concretamente durante la época de los disturbios, había que atravesar innumerables puestos de control militares solo para cruzar de Irlanda del Norte al resto de la isla.

El Acuerdo del Viernes Santo, que puso fin a la violencia, inició el proceso de eliminación progresiva de esta frontera antes dura, proceso que concluyó en 2005. Ahora que ambas partes practican las fronteras blandas prescritas por la UE (aunque Irlanda del Norte ya no forme parte de la UE a partir de 2024), es prácticamente un paseo por el parque llegar a uno u otro lado. Los irlandeses locales y los turistas con pasaporte están muy agradecidos por ello.

Teniendo en cuenta todo esto, solo podemos especular sobre lo que pueden significar las cosas en el futuro. ¿Podrá la Unión Europea tender un puente para que Irlanda del Norte sea repatriada de nuevo al pleno control irlandés en algún momento antes del cierre del siglo XXI?

Curiosamente, en abril de 2017, la Unión Europea se planteó esto mismo y decretó que si alguna vez Irlanda del Norte se unificaba oficialmente con el resto de Irlanda, se consideraría automáticamente parte de la UE.

Por supuesto, cuando llegó la pandemia de 2020, las cosas cambiaron drásticamente. Irlanda, sin embargo, estuvo inmediatamente a la altura del desafío. Fue constantemente clasificada como uno de los mejores países en cuanto a cómo gestionaron la crisis, especialmente cuando se trataba de vacunar al público.

Irlanda fue considerada un líder mundial por cómo manejó la pandemia, al tiempo que mitigó los daños potenciales para la sociedad y la economía irlandesas. En 2021, Bloomberg.com reconoció a Irlanda como nación líder por cómo gestionó la tormenta. Se dice que el motivo de esta clasificación se debe a que las tasas de vacunación de Irlanda estaban entre las más altas de la época. En otros países, había mucho escepticismo y dudas sobre las vacunas, pero en Irlanda, parece que la mayoría de los irlandeses no tuvieron reparos en arremangarse y vacunarse.

Puede que Irlanda haya sido un líder durante la pandemia, pero el país siempre ha sido un poco reacio a liderar a otros en la escena internacional. Por ejemplo, Irlanda ha tendido a mantenerse neutral en los conflictos militares que han enredado a muchas otras naciones.

Puede que Irlanda enviara voluntarios para apoyar el esfuerzo británico durante la Primera Guerra Mundial, pero en cuanto se convirtió en un Estado libre, dejó claro que deseaba permanecer neutral a partir de ese día. Irlanda fue famosamente neutral durante la Segunda Guerra Mundial y lo ha seguido siendo en su mayor parte en los grandes conflictos que han surgido en todo el mundo.

Sin embargo, la invasión rusa de Ucrania en la primavera de 2022 empezó a hacer recapacitar a muchos en Irlanda, así como a quienes se consideran amigos de Irlanda. En un principio, Irlanda se ciñó al típico libro de jugadas, y el primer ministro irlandés, Micheál Martin, declaró que Irlanda tenía toda la intención de mantener su estatus de nación neutral y no beligerante el 24 de febrero de 2022.

Permitió una pequeña salvedad al respecto. Insistió en que, aunque Irlanda no se implicaría militarmente, sí podría hacerlo a nivel político. En palabras del primer ministro Micheál Martin: «La política oficial de Irlanda es no alinearse militarmente. Sin embargo, no estamos políticamente no alineados»[i]. Aun así, en el momento de escribir estas líneas, Irlanda se ha abstenido de ofrecer cualquier tipo de ayuda o asistencia militar directa.

Irlanda tiene razones para su neutralidad. Es un país bastante pequeño y sus alianzas son un poco más complicadas que la mayoría. Irlanda está técnicamente alineada con Gran Bretaña, pero la relación de Irlanda con Gran Bretaña ha sido históricamente difícil. Por ello, sigue existiendo una prudente distancia política (además de emocional) entre ambos.

---

[i] O'Halloran, Marie. "Ireland Is Not Neutral About Ukraine".
https://www.irishtimes.com/politics/2022/11/15/ireland-is-not-neutral-about-ukraine-taoiseach-insists-in-renewed-row-over-constitutional-position/.

Durante la Segunda Guerra Mundial, los irlandeses se enfrentaron a invocar la ira tanto de los británicos como de los alemanes si se ponían demasiado del lado de alguno de ellos. Se decidió que la neutralidad era la política más práctica. Por supuesto, se puede argumentar que la neutralidad es la salida fácil y que podría llegar un día en que Irlanda tuviera que elegir.

Algunos se preguntan si Irlanda está a punto de tomar esa decisión a la luz de la invasión rusa de Ucrania. En muchos sentidos, Ucrania e Irlanda son naciones muy similares. Ucrania, al igual que Irlanda, lleva mucho tiempo siendo intimidada por su vecino más poderoso, Rusia.

Será demasiado entrar en toda la historia del antagonismo ruso contra Ucrania, pero al menos podemos remontarnos a los días del Imperio ruso, cuando se forzaron campañas culturales al por mayor en la Ucrania ocupada. Los zares rusos intentaron obligar a los ucranianos a hablar ruso y a «rusificarse». Si esto le suena muy parecido al intento británico de ingeniería social en Irlanda mediante la instalación de plantaciones, estaría en lo cierto.

El hecho de que un país tan pequeño y típicamente infravalorado como Irlanda haya obtenido tal reconocimiento mundial es realmente notable. A la luz de todos estos acontecimientos en el siglo XXI, solo cabe especular sobre lo que nos depararán las próximas décadas. Sería interesante ver una Irlanda totalmente unificada para cuando llegue el siglo XXII. Pero solo el tiempo lo dirá.

Conclusión: La resiliencia y la unidad de Irlanda

Decir que Irlanda es una nación dura y resiliente es quizá una de las mayores subestimaciones de todos los tiempos. El hecho de que la cultura, la lengua, la música irlandesa y otras costumbres permanezcan y se celebren hoy en día es un firme testimonio de la naturaleza perdurable de la civilización irlandesa. Si nos fijamos en la historia de cómo Inglaterra intentó introducir plantaciones en Irlanda para subsumir su carácter y cambiar drásticamente la cultura de la región, resulta realmente impresionante que Irlanda haya seguido siendo una civilización única fuera de Inglaterra.

En última instancia, el mayor daño que hizo Inglaterra en lo que se refiere a Irlanda es en lo referente a Irlanda del Norte. Allí se creó una fuerte división entre protestantes y católicos irlandeses. Sin embargo, estas diferencias se han atenuado con el paso del tiempo. Por supuesto, existen tensiones, pero la violencia por motivos religiosos no es tan frecuente hoy como lo fue en el pasado.

Actualmente, los católicos superan en número a los protestantes en Irlanda del Norte. La nación está experimentando una transformación en la que se está revirtiendo el daño de la anglización forzosa y se está revitalizando todo lo irlandés. Se ha dicho que lo mejor que le ha pasado a la República de Irlanda y a Irlanda del Norte ha sido su entrada en la Unión Europea, y se pueden esgrimir muchos y muy buenos argumentos en ese sentido.

La Unión Europea tiene sus detractores, por supuesto, pero si ha habido algún país que se haya beneficiado más de los cambios radicales que puede proporcionar la entrada en la UE, ese ha sido Irlanda, muy especialmente Irlanda del Norte.

De repente, parecía que Irlanda del Norte ya no estaba dividida del resto de la isla. Sin ninguna unificación oficial, parecía que al menos se había logrado cierto sentido de unidad a través de la UE. Y las implicaciones son de gran alcance. La cultura y la política de las dos Irlandas están empezando a mezclarse. A principios de la década de 2020, el Sinn Féin se había hecho popular en Irlanda del Norte. Esto habría sido impensable antes, pero ahora, se ha convertido en una realidad.

Por supuesto, estas noticias no son bien recibidas por todos. A los unionistas no les complace el aumento de los vínculos políticos de Irlanda del Norte con las marcas políticas populares de la República de Irlanda. Algunos de los más cínicos y críticos con la política británica pueden incluso especular si los británicos se echaron atrás en la Unión Europea e instigaron el Brexit porque Irlanda del Norte se estaba acercando demasiado a la República de Irlanda.

¿Podría ser que la fuerza unificadora de la Unión Europea, que consiguió unir a toda la isla de Irlanda de formas que antes se consideraban imposibles, amenazara la visión británica del mundo según la cual Irlanda del Norte siempre estaría separada y diferenciada del resto de la Isla Esmeralda? Uno solo puede preguntárselo.

Para concluir, la resiliencia del pueblo irlandés es realmente notable. Aunque los irlandeses se han enfrentado a innumerables dificultades, no se puede negar su pasión y su fuerza.

Vea más libros escritos por Enthralling History

Apéndice A: Lecturas complementarias y referencias

Ashley, Mike. *The Giant Book of Myths and Legends*. 1995.

Cronin, Mike. *A History of Ireland*. 2001.

Foster, R. F. *The Oxford Illustrated History of Ireland*. 1989.

Gibney, John. *A Short History of Ireland: 1500-2000*. 2017.

Neville, Peter. *A Traveller's History of Ireland*. 1992.

O'Halloran, Marie. "Ireland Is Not Neutral About Ukraine". https://www.irishtimes.com/politics/2022/11/15/ireland-is-not-neutral-about-ukraine-taoiseach-insists-in-renewed-row-over-constitutional-position/.

Osborne-McKnight, Juilene. *The Story We Carry in Our Bones: Irish History for Americans*. 2015.

State, F. Paul. *A Brief History of Ireland*. 2009.

Fuentes de imágenes

[1] *Shira, CC BY-SA 3.0 <http://creativecommons.org/licenses/by-sa/3.0/>, vía Wikimedia Commons; https://commons.wikimedia.org/wiki/File:Newgrange.JPG*

[2] *Schcambo en Wikipedia en inglés, CC BY 3.0 <https://creativecommons.org/licenses/by/3.0>, vía Wikimedia Commons; https://commons.wikimedia.org/wiki/File:Glendalough_monastery.jpg*

[3] *https://commons.wikimedia.org/wiki/File:Www.wesleyjohnston.com-users-ireland-maps-historical-map1300.gif*

[4] *https://commons.wikimedia.org/wiki/File:Daniel_O%27Connell_-_Project_Gutenberg_13103.jpg*

[5] *https://commons.wikimedia.org/wiki/File:Ei-map.svg*

www.ingramcontent.com/pod-product-compliance
Lightning Source LLC
Chambersburg PA
CBHW070341010526
44107CB00004B/580